JN055324

実務ですぐ役立つ！

これだけは知っておきたい

建築物のアスベスト対策

一般社団法人 建築物石綿含有建材調査者協会 編集

ぎょうせい

はじめに

「現在の知識に照らして過去を振り返ると、アスベスト関連疾患の発見と防止の機会をみすみす逃したとつくづく感じざるを得ない」。これは英国の産業医療監督官が、1934年に残した言葉です[1)]。このとき禁止などの対策がとられていれば、現在のような大きな被害は発生しなかったはずですが、残念ながらこの警告は無視され、英国でも日本でも20世紀中期以降のアスベストの大量使用期を迎えてしまいました。21世紀の現在、この数十年間のアスベストの使用が甚大な被害を発生させています。代表的なアスベスト関連疾患である中皮腫は胸膜などに発生する悪性腫瘍で、致命的な病気です。潜伏期間が非常に長いことから、アスベストの大量使用が始まった1960年代に工場や建設現場でアスベストを使用した人々を中心として、現在被害が広がっています。日本では、1995年に500人だった中皮腫による死亡者は、2015年に1,500人に達しました。

アスベストは、天然の鉱物で、その優れた性能と使いやすさ、安価であることから、日本では高度経済成長期から約20年間にわたって大量に使用されました。その多くは建材に使用されたため、身の回りにはアスベスト含有建材が大量に残されています。私たちは命に関わる発がん物質に囲まれて暮らしているといっても過言ではありません。アスベスト含有製品の製造時と使用時の被害が広がるなかで、残されたアスベスト含有建材を適切に管理し、処理しなければ、更なる被害の拡大が懸念されます。

今後の被害をより少なくするためには、第1に建物に残された危険なアスベスト含有建材を把握し、適切に維持管理すること、第2に解体・改修時に全てのアスベスト含有建材を把握し、アスベスト対策工事を行うことがたいへん重要です。一方、建物のアスベスト調査は、アスベスト含有建材の種類が非常に多く、ときに予想外の場所で発見されること、建物の種類、規模、構造が多様で、増改築と改装工事によってさらに複雑になること、調査のミスが許容されにくいことなどから独特の難しさがあります。そのため、英国をはじめ主要な先進国には調査を専門の有資格者に行わせる制度があります。

日本では、2013年に「建築物石綿含有建材調査者（以下「調査者」）」というアスベストに関連する新たな資格制度が始まりました。調査者は、建物に残されたアスベスト含有建材を調査して状況を確認し、維持管理のための助言を行うこと、また解体・改修の前にアスベスト含有建材を特定し、アスベスト対策が実施できるようにすることがその主な役割です。

建物のアスベスト調査の重要性が注目されるなかで、私たちは、2016年に「一般社団法人建築物石綿含有建材調査者協会（Asbestos Surveyors Association: ASA、以下「調査者協会」）」を設立しました。調査者協会は、調査者の能力の維持と向上のための教育、研修を提供すること、自治体などの行政機関のアスベスト対策を支援すること、災害時のアスベスト調査を進めることを主な目標として活動しています。

そして2020年、解体・改修時のアスベスト規制のための２つの法規、大気汚染防止法と石綿障害予防規則が改正されました。2022年4月には、解体・改修工事でのアスベスト調査結果の報告が義務付けられ、2023年10月には、その調査は調査者が実施しなければならなくなります。これらの除去工事の際の管理の厳格化と規制強化にともない解体・改修工事の費用の見積りや工期の設定が変わりつつあります。また、調査者の需要が急増することが予想され、十分なリソースを確保することが課題となっています。

アスベスト関連の法規は複雑で、規制が強化される傾向にあり、工事の施工事業者だけでなく建物の所有者・管理者の責任も重くなります。また、アスベストをめぐり所有者・管理者の責任が問われる訴訟も起きています。アスベストは、建設関係の事業者や労働者だけでなく、建物の所有者・管理者、利用者、工事建物の周辺住民を含めた全ての人々の問題となっているのです。

本書は、建物の所有者・管理者の皆さんのためのガイドです。私たち調査者協会は、主に建築業関係に携わる人と分析測定に携わる人及びその業界の関係者で成り立っています。最近では、不動産の売買、貸借、管理またはその代行、仲介を行う事業者の調査者協会への加入が増えつつあるものの、不動産関連業界内でのアスベストに対する関心は、まだそれほど高いものではありません。実際に建物のアスベストを管理し、解体・改修時のアスベスト対策を適切かつ効率的に行うためには、建物の所有者・管理者の役割がたいへん重要なのですが、そのことが未だ十分に社会に広まっていないという実感があります。

本書では、第１章のアスベストとは？で、アスベストの概要、アスベスト関連疾患とリスクについて、第２章では関係法規の概要について解説します。第３章は建物の所有者・管理者の皆さんのための実践編として、不動産の取引、建物の維持管理、解体改修の各場面でのアスベスト対策について解説しています。ここでは、建物の所有者・管理者に要求される法的な義務と努力義務を整理して示します。しかし、アスベストの被害については、法律を守ってさえいれば十分とはならない場合があります。そのため、リスク管理の観点から、建物に残されたアスベスト含有建材を管理することにより、アスベスト関連疾患を予防し、アスベストがもたらす経済的なリスクや訴訟リスクを最小にできることを示します。第４章では、これまでのアスベスト対策の失敗事例と成功事例を紹介し、それらから学ぶことを目的としています。

建物は、暑さ、寒さ、風雨から私たちの生命と財産を守ってくれます。アスベスト含有建材は、そのための優れた材料として広く普及しましたが、同時に発がん物質でもありました。アスベストはいわば「負の遺産」です。建物に残されているアスベストによって健康リスク、経済リスクが発生することがあります。建物のアスベストによる被害と損害は、もはや無視できるものではありません。それらを防止するためにアスベストを適切に管理することは、これまでの経験と知見から十分に可能です。建物の所有者と管理者の皆さんがアスベストの管理を実践することによって、そのリスクを最小にすることが本書の目的です。

2021年9月

一般社団法人建築物石綿含有建材調査者協会
副代表理事　外山尚紀

〈目　次〉

第3章　事項別のアスベスト対策

第４章　事例から学ぶアスベスト対策

付録　アスベストに関する情報

第1章

アスベストとは？

アスベストとは、「石綿（いしわた、せきめん）」とも呼ばれる天然の鉱物です。有用な鉱物として、古くから利用されてきましたが、発がんなどの人体への影響があり、日本を含む主な先進国ではすでに輸入や新規の使用は禁止されています。私たちの身の回りには、たくさんの有害物質がありますが、アスベストはいくつかの意味で“比類がない”物質といえます。物質としてのユニークさ、有害性の高さ、関連疾患の潜伏期間の長さ、被害の大きさ、使用された製品の多様さ、測定や分析の難しさが際立っているのです。そして、アスベストは私たちの身の回りに大量に残されています。

本書では、基本的に「アスベスト」と表記していますが、法律用語や建材の名称は「石綿」とする場合があります。例えば「石綿障害予防規則（いしわたしょうがいよぼうきそく）」やそれに関連する用語は「石綿」と表記します。

1 アスベストとは？

広い意味でのアスベストの定義は「繊維状鉱物」です。米国地質学研究所はもう少し詳しく「柔軟で曲げられ、耐熱で、化学的に不活性で、電気絶縁性があり、長く細く強い繊維に容易に分かれる高度に繊維化したけい酸塩鉱物」[2)]としています。耐熱、不活性、電気絶縁性などの鉱物としての特徴と「柔軟で曲げられ」という繊維としての特徴を併せ持っていることがアスベストの特徴です。

大辞林では「けい酸塩鉱物」を「地殻を構成する大部分の造岩鉱物をなし、種類も多い」としています。つまり、ありふれた鉱物です。その中の「繊維状」の形態をしたものを「アスベスト」と呼んでいます。鉱物学的には地殻の中で岩石が生成する過程で水、熱、圧力の作用で岩石が繊維のような形にできあがるものがアスベストです。アスベストはアスベスト鉱山で採掘されたものを、選別して開綿（ほぐすこと）しただけで、そのまま製品に添加されます。ごく細い繊維で柔軟性があります。土中から掘り出した石が綿のようにふわふわとして手で裂ける。「石綿」という文字のとおりに「石」の「綿」なのです。

アスベスト繊維は極めて細いのが特徴です。アスベストは通常は繊維の束として存在しています。束をバラバラとほぐしていくと、最後の一本の単繊維は最も細いもので 0.02 μｍです。400 倍の光学顕微鏡の解像度は約 0.2 μｍですから、光学顕微鏡では見えません。図１－１は、アスベストの単繊維の断面と粉じん、花粉を拡大したものです。目に見えるアスベスト繊維は数百、数千の単繊維が集まった繊維束として観察さ

図１−１　アスベストの大きさ

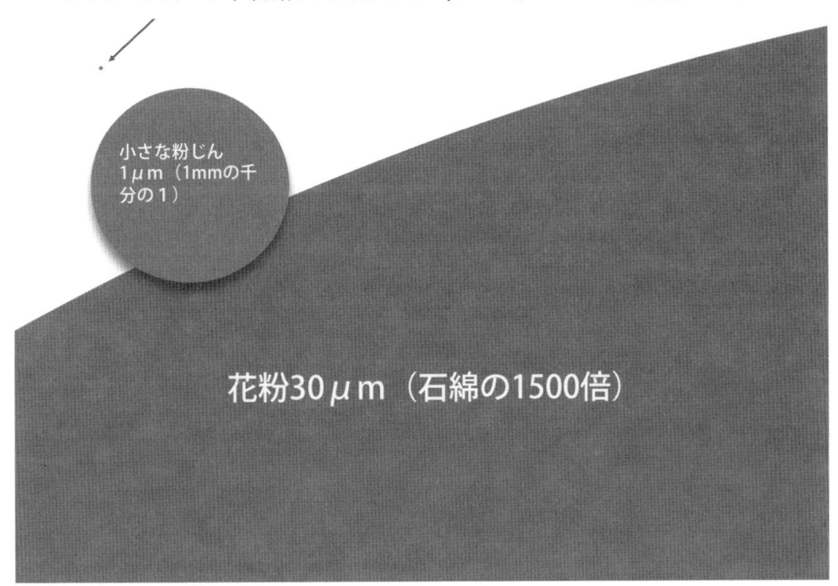

れます。海を渡るPM2.5と比べて約100分の1、直径30 μmの花粉と比べると約1,500分の1の大きさです。花粉用のマスクではアスベストの単繊維は捕まりません。

(1)アスベストの種類

表1－1にアスベストの種類と化学組成を示します。鉱物学的には、アスベストは2つの鉱物グループに属する基本的に6つの種類の鉱物です。建材に意図的に入れられ、多く使用されたアスベストには、蛇紋石グループのクリソタイル(白石綿)、角閃石グループのアモサイト(茶石綿)とクロシドライト(青石綿)があります。これら3種の名称は、鉱物学的な名称ではなく、アスベストにつけられた「商品名」に近いものです。例えばアモサイト(Amosite)はAsbestos Mine of South Africaの略です。つまり、これら3種の名称は、アスベストのみに付けられ、アスベストを指すものです。

これら3種類のアスベスト以外のトレモライト等の3種類については、鉱物学的な定義に基づく名称です。鉱物学では、鉱物種を化学組成と晶系などによって定義します。トレモライトは、カルシウム(Ca)とマグネシウム(Mg)を含む単斜晶系の晶系を持つ鉱物です。トレモライトの中で、アスベストに特有の微細な繊維の形状を持つものを「トレモライト・アスベスト」と呼んでいます。トレモライトとトレモライ

表1－1　アスベストの種類

グループ	名称	化学組成	晶系
蛇紋石	クリソタイル(白石綿、chrysotile)	$Mg_3Si_2O_5(OH)_4$	単斜晶系
角閃石	アモサイト(茶石綿、amosite)	$(Mg, Fe^{2+})_7Si_8O_{22}(OH)_2$	単斜晶系
	クロシドライト(青石綿、crocidolite)	$Na_2(Mg, Fe^{2+})_3Fe_2^{3+}Si_8O_{22}(OH)_2$	単斜晶系
	トレモライト・アスベスト(tremolitea asbestos)	$Ca_2(Mg, Fe^{2+})_5Si_8O_{22}(OH)_2$	単斜晶系
	アクチノライト・アスベスト(actinolite asbestos)	$Ca_2(Mg, Fe^{2+})_5Si_8O_{22}(OH)_2$	単斜晶系
	アンソフィライト・アスベスト(anthophylite asbestos)	$(Mg, Fe^{2+})_7Si_8O_{22}(OH)_2$	直方晶系

ト・アスベストは化学組成と晶系は同じですが、形態が異なります。地球には、アスベストのように繊維が発達した鉱物は特殊なもので、繊維状ではないものの方がはるかに多く存在しています。そのため、一般に「トレモライト」というとアスベストではない硬い塊状の鉱石を示します。トレモライト・アスベストの販売や使用は労働安全衛生法で禁止されていますが、トレモライトの販売は合法です。アクチノライトは、トレモライトに近い鉱物です。晶系は同じ単斜晶系で、化学組成が似ています。化学組成の鉄（Fe）が多いものをアクチノライト、少ないものをトレモライトとしています。アンソフィライトは北欧等で産出されたアスベストで、日本国内での使用は熊本県の旧松橋町に1880年代から1965年まで鉱山があり、1970年代まで石綿製品製造工場の操業が確認されています[3)]。

「基本的に６つの種類がある」としたのは、これら以外でも発がん性が確認されている繊維状鉱物があるためです。米国モンタナ州リビーのバーミキュライト鉱山から産出されたバーミキュライト（ひる石）には不純物として繊維状の角閃石を含んでいます。トレモライトに近いものですが、化学組成が若干異なり、鉱物学的にはウインチャイト（Winchite）またはリヒテライト（Richterite）とされる鉱物です。日本も含め諸外国では、アスベストの定義から外されていますが、この規制対象外の繊維状鉱物により鉱山労働者だけでなく住民にも大きな被害を発生させました。このリビー鉱山のバーミキュライトは、日本にも輸出され、アスベスト含有吹付けバーミキュライトとして施工されています。これは住宅の天井や階段の裏に吹き付けられていることがあります。

(2) アスベストの用途

石の成分を持つ綿は産業的に利用価値があります。アスベストは以下のような優れた特徴があることから、様々な製品に使用されてきました。

①燃えない。(不燃性)

②熱に強い。(耐熱性)

③熱や音を遮断する。(断熱・防音性)

④薬品に強い。(耐薬品性)

⑤電気を通しにくい。(絶縁性)

⑥摩擦に強い。(耐摩擦性)

⑦引張りに強い。(抗張性)

⑧他の物質とよく混ざる。(親和性)

⑨柔らかい。(柔軟性)

⑩安価である。(経済性)

アスベストによるこれら①から⑨の利点は、アスベストを1～2%かそれ以上添加することによって生じます。つまり意図的にアスベストを入れた製品には、先のクリソタイル、アモサイト、クロシドライトの1つ以上が1～2%以上含有しているのが一般的です。これらのアスベスト含有製品が戦後の高度経済成長期から2000年代までの長期にわたって、大量に製造されました。日本はアスベストをカナダなどからの輸入に頼っていました。輸入量のグラフを図1－2に示します。総輸入量は1,000万トンにのぼります。輸入されたアスベストの8割以上は建材に利用されました。その多くは今も建物に残されています。

国土交通省と経済産業省が作成した「石綿(アスベスト)含有建材データベースWeb版(以下「データベース」)」(2015年2月版)にはアスベスト含有建材は42種類、2126製品が記載されています(2021年

図1－2　日本のアスベスト輸入量の推移

５月現在)。建材の種類とレベル、製造年、リスクを表１－２に示します。吹付け材は吹付けアスベスト、アスベスト含有吹付けロックウールなどがあり、厚生労働省の分類では通称「レベル１建材」(以下「レベル１」）とされ、最も飛散性が高く危険なものです。これらの除去時にはプラスチックシートで密閉した上、内部を陰圧にしてアスベスト粉じんの漏洩を防ぐ厳重な対策が求められます。通称「レベル２建材」(以下「レベル２」）はレベル１に次いで飛散性が高く、除去時には基本的にレベル１と同等の対策が求められます。これには、耐火被覆板、配管

表1－2　主なアスベスト含有建材とその使用部位、製造年、リスク

レベル	建材名	主な施工部位注1)	製造年注2)	リスク注3)
1	吹付け石綿	S造：鉄骨耐火被覆（柱、梁、デッキプレート等） RC、SRC造：機械室、ボイラー室、ポンプ室等	1956～1975	最高
	石綿含有吹付けロックウール	S造：鉄骨耐火被覆（柱、梁、デッキプレート等） RC、SRC造：機械室、ボイラー室、ポンプ室等	～1980注4)	高い
	湿式石綿含有吹付け材	S造：鉄骨耐火被覆（柱、梁、デッキプレート等） RC、SRC造：機械室、ボイラー室、ポンプ室等	1964～1989	高い
	石綿含有吹付けバーミキュライト	RC、SRC造：居室、階段の裏、駐車場等の天井	1965～1989	高い
	石綿含有吹付けパーライト	RC、SRC造：居室、階段の裏、駐車場等の天井	1971～1989	高い
2	石綿含有耐火被覆板	S造：鉄骨耐火被覆	1963～1983	高い
	石綿含有けい酸カルシウム板第２種	S造：鉄骨耐火被覆 S、RC、SRC造：防火区画の貫通部の耐火仕切	1965～1990	高い
	煙突用石綿断熱材	RC、SRC造：煙突内	1964～1991	高い
	石綿含有配管保温材	S、RC、SRC造：配管（主に曲がり部分）	～1987	高い注5)
	屋根用折板石綿断熱材	S造：折板の裏面	1958～1983	高い
3	石綿含有成形板、接着剤等	全ての建築物	～2004	低い

注1)　S造：鉄骨造、RC造：鉄筋コンクリート造、SRC造：鉄骨鉄筋コンクリート造
注2)　国土交通省、経済産業省「石綿（アスベスト）含有建材データベースWeb版」による
注3)　通常使用時に飛散するリスク
注4)　特殊なカラー品の1製品は1987年まで製造された。
注5)　露出している場合。保護テープにより保護され、露出していなければリスクは低い。

保温材、屋根用折板裏断熱材、煙突用断熱材等の５種類があります。これら以外が通称「レベル３建材」（以下「レベル３」）です。レベル３は通常使用時に飛散するリスクは低いですが、解体や除去時に破砕や切断されるとアスベストが飛散します。レベル３は最も種類と製品が多く、先のデータベースではスレート板、けい酸カルシウム板１種、サイディングなどの成形板27種類、2022製品が記載されています。吹付けアスベストとアスベスト含有吹付けロックウールは17万トン製造されたという推定[4)]がありますが、主なアスベスト含有成形板は少なくとも全体で4,300万トン余製造されています（表１－３）。つまり、石綿含有吹付け材は危険性が高いですが、生産量は少なく、一方、成形板は危険性が比較的低いものの生産量が多く、長い期間製造されており、身の回りに大量に残されています。

表１−３　石綿含有成形板の出荷量と推定石綿使用量

製品名	石綿含有率（%）	製品出荷量（トン）	推定石綿使用量（トン）	製造（含有）終了年
スレート波板	10〜15	14,355,120	1,893,405	2004
住宅屋根用化粧スレート	8〜15	13,582,000	1,576,020	2004
スレートボード	10〜20	5,793,797	918,803	2004
押出成形品	12	3,316,500	397,980	2004
けい酸カルシウム板（第１種）	5〜25	2,345,179	378,575	2004
サイディング	5〜15	1,579,000	132,150	2004
スラグ石膏板	5	1,314,844	65,743	2003
ロックウール吸音天井板	4	666,442	26,657	1987
パルプセメント板	5	466,400	23,320	2004
合計		43,419,282	5,412,653	

石綿含有建築材料廃棄物量の予測量調査結果報告書（2003年（社）日本石綿協会）を元に作成。

（3）アスベストによる疾患

アスベストやアスベスト含有建材に何らかの力が加わると、微細な繊維が飛散します。人がその繊維を呼吸によって吸い込むことを「ばく露」と言います。アスベストのばく露は、中皮腫、肺がん、アスベスト肺、良性アスベスト胸水、びまん性胸膜肥厚、胸膜プラーク（肥厚斑）などの疾患を発生させます。通常、アスベスト関連疾患は、年単位（高濃度の場合は、より短いばく露でも発症することがあります。）のアスベストばく露によって、長期の潜伏期間（最初のばく露から発症までの期間）を経て発症します。

アスベストによる疾患は、アスベストの採掘が1879年にカナダで始まってから20年後19世紀末に英国で報告されています。高濃度のアスベストにばく露したアスベスト製品工場の労働者に致命的なアスベスト肺が多発しました。その後1930年代には肺がん、1960年代には中皮腫が報告されています。それほど早期に重篤な疾患が報告されていましたが、世界はアスベストの使用を続けてしまったのです。

中皮腫は、臓器をおおう膜に発生する悪性腫瘍で、胸膜、腹膜、心膜、精巣鞘膜に発生します。潜伏期間は平均40年と非常に長いのが特徴です。治療が難しく、予後が非常に悪い疾患で、診断から1～2年以内に死亡することが多い悪性疾患です。ほとんどがアスベストのばく露が原因とされており、それ以外の発症数はわずかで、近年増加している中皮腫の発症要因は、ほとんどが石綿によるものと考えられています[5)]。

中皮腫は、アスベスト肺と肺がんと比較して少ないばく露量でも発症します。中皮腫はアスベストの種類によって発がんの強さが異なります。角閃石系アスベストの方が蛇紋石であるクリソタイルよりも発がん性が強いとされています。クロシドライトを使用していたクボタの工場周辺で多発している中皮腫被害は潜伏期間とばく露量の点でこれらの特徴と合致します（22ページ　コラム参照）。図1－3のアスベストの輸入量の折れ線グラフの右側の棒グラフは中皮腫の死亡者数の推移を示しています。統計を取り始めた1995年に500人だった中皮腫の死亡者は、2015年には1,500人に達しています。この増加するグラフは1960年代からのアスベスト輸入量の上昇とパラレルになっており、潜伏期間40年という不気味な特徴が統計でも確認できます。

肺がんは、気管、気管支または肺胞の細胞に発生する腫瘍で、喫煙のほかアスベスト以外の多くの原因でも発生します。アスベストによる肺がんは、喫煙による肺がんと医学的には区別することができません。潜伏期間は、中皮腫と同様に非常に長く、30～40年間です。肺がんの要因としては、喫煙が最も多いとされ、喫煙とアスベストの両方のばく露を受けると相乗的に発がんリスクが高まることが知られています。

アスベスト肺は、建築、造船、石綿製造業、鉱山やトンネルで掘削な

図１－３　日本のアスベスト輸入量と中皮腫による死亡者数の推移

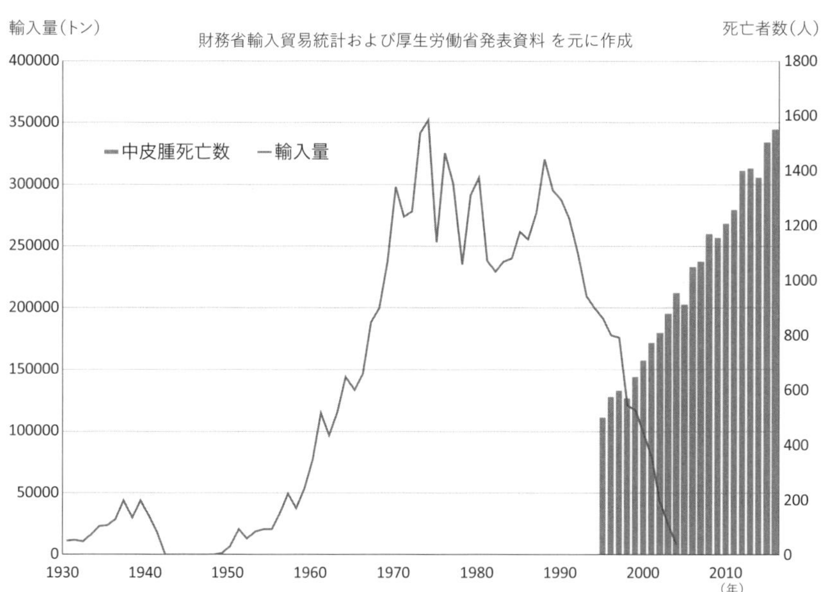

どの作業に従事した労働者に大きな被害をもたらしたじん肺がアスベストによって起こるもので、肺組織がアスベスト粉じんの刺激によって線維化し、固くなり呼吸困難を起こします。初期の症状はせきと疲労感で、進行すると僅かな動作でも呼吸困難（息ぎれ）が起こります。良性の病気ですが、アスベストのばく露がなくなっても進行し、せき、たん、呼吸困難が出現し、肺がんと肺炎の合併、呼吸不全により死に至ることもあります。最も早くから知られていたアスベスト関連疾患で、英国では 19 世紀末から報告があり、1920 年代には医学論文に症例が報告され、1931 年に最初のアスベスト規制が制定されました。

② アスベストのリスクの特徴

（1）アスベストのリスクとは

アスベストは昔から知られていた発がん物質ですが、アスベストには他の物質と異なる特徴があります。次にその点に着目します。まず「リスク」という言葉について説明します。アスベストの危険性とその管理を考えるときにリスクの考え方をもとにすると理解しやすいのです。

リスクは様々な場面で使用される言葉ですが、一般に労働安全衛生の分野では、リスクはハザード（危険有害性）の大きさに、ばく露（さらされること）の大きさをかけ合わせたものとされます。つまり、

リスク＝ハザード（危険有害性）×ばく露（さらされること）

ということになります。ハザードは存在するだけではリスクは発生しません。アスベストの場合は、力が加わりアスベストの粉じんが飛散し、ばく露がおきたときに、初めてリスクが発生します。リスクは有無（定性）だけではなく、定量的な考え方で、大小が問題になります。レベル３の成形板のようにアスベスト繊維が建材の中に固定されていればリスクは小さいと考えられます。しかし、吹付けアスベストが劣化していて、落下しているような状態では、風でアスベスト繊維が飛んでいるかもしれません。そうなると近くに人がいればばく露のおそれがあり、リスクが大きくなります。「①（２）アスベストの用途」で述べたアスベスト含有建材の分類の「レベル１」、「レベル２」、「レベル３」は、アスベストの飛散性の違いによる分類と見ることができます。一般に、レベル１と２は、通常の使用状態であっても、劣化によって周囲にアスベスト

を飛散させていることがあります。レベル3は、通常の使用状態では、基本的にアスベストを飛散させませんが、切断や破砕のように力が加わり、粉じんが発生する状態になるとアスベストを飛散させることがあります。

また、アスベストの含有率（製品中のアスベストの重量%）とアスベストの種類によってハザードが異なることも重要です。たくさんアスベストが入っている方が、同じ条件での飛散であっても多くのアスベスト繊維を発生させます。また蛇紋石グループのクリソタイルよりも角閃石グループであるアモサイト、クロシドライトの方が発がん性が強いために、同じばく露であってもリスクが異なることになります。

さらには、ばく露を受ける人の年齢によっても発症するリスクが異なります。中皮腫は、若年のばく露の方が発症リスクは大きくなります。同じばく露量であっても、30歳と比較して、20歳ではおおむね2倍、0歳では5.7倍となる試算もあります[5)]。

アスベストのリスクを考える時には、アスベストの含有率と種類の違いによるハザードの大きさと建材の種類の違いによる飛散性の強さ、そしてばく露を受ける人の年齢を考える必要があります。

（2）発がんの要因

これまでの研究によって、アスベストの発がんの要因は、形態によるものが最も大きいことが分かっています[6)]。人間にとっての有害物質は数多く存在しますが、形態が発がんするという物質は、おそらく他にはありません。発がんのメカニズムには諸説ありますが、中皮腫は、吸引されたアスベスト繊維が肺内から胸腹膜に到達し、沈着し、発生した活性酸素によりDNAが損傷され、遺伝子レベルの異常が中皮細胞のがん化をすすめると考える仮説が有力です[7)]。肺がんは、肺内にとどまった

図１−４　偏光顕微鏡で観るクリソタイルの石綿様形態
（100 倍、建材中のクリソタイル繊維を取り出したもの）

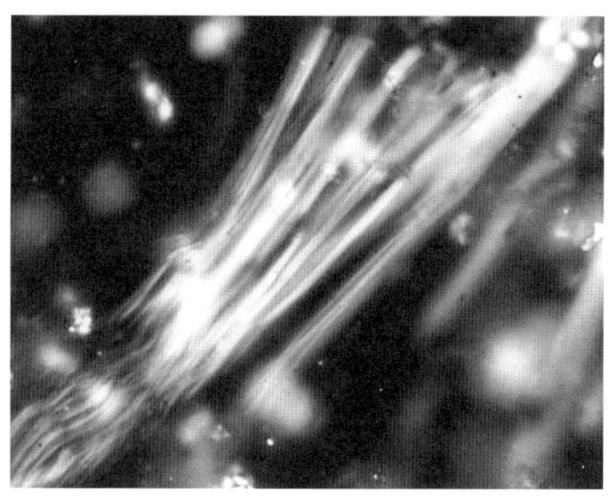

繊維が発がん物質を吸着して、発がんの発生を助長すると考える仮設が有力です[7]。したがって、化学組成、吸着性、体内での持続性も発がんの強さに影響しますが、第１の要因は形態と考えられます。図１－４はクリソタイルの繊維を 100 倍の顕微鏡で観たものです。白い微細な繊維がクリソタイルで、光学顕微鏡では見えない 0.02 μｍの単繊維が束として観察されます。このアスベスト特有の繊維の構造を「アスベスト様形態」と呼びます。これは 20 世紀のはじめに、アスベストを研究する科学者によって作られた造語で、他のものにはないアスベストに特有の極めて細い繊維の束を示す言葉です。建材中のアスベストの有無を分析する分析者は、このアスベスト様形態を探します。

（3）微細な繊維の飛散

アスベストのような微細な繊維が飛散すると、どのようなことが起こるでしょうか？

まず、微細な繊維は目に見えません。例えば、電動丸ノコでアスベスト含有建材を切断すると、切断中とその後しばらくの間は、「すごい粉じんだなあ」と思いますが、10分…20分…１時間が経つと、粉じんは治まったように見えます。しかし目に見える粉じんは、大きさが数μm程度の建材に含まれるセメントなどの粒子です。アスベストの繊維はそれよりもずっと小さいために、長時間空気中に滞留します。物質の滞留する時間は、粒子の大きさの２乗に反比例します。粒子の大きさが10分の１であれば、100倍滞留しやすいことになります。実際に解体中の建物内でアスベストの濃度測定を行うと、アスベスト含有建材を破砕して撤去している場所から数十mまたは数フロア離れた場所で、アスベストが検出されることがよくあります。使用しているビルの改装工事などの場合には、全く自覚することなく、建物内の人々がアスベストにばく露してしまうことがあり得るのです。

さらにアスベストの場合は、再飛散と分割が発生します。発生したアスベスト繊維は、床面に落下しても乾燥していれば、わずかな力で再飛散を起こします。発生した時点では、太い繊維であっても、分割されて細くなり、つまり、より飛散しやすく、より発がん性の強い繊維となることもあり得ます。

（4）アスベストの濃度を測る

空気中のアスベストの繊維数の濃度を測ることは、リスクを知るために重要な方法です。通常は年単位のアスベストばく露が肺がんや中皮腫などのアスベスト関連疾患を発生させますが、ばく露を受けた全ての人が病気になるわけではありません。アスベストのばく露の量が多くなればなるほど、つまりたくさん吸えば吸うほど、疾患が発生するリスクが高くなります。これを「量－反応関係」と呼びます。感覚的にはわかりやすいと思います。先程、

リスク＝ハザード（危険有害性）×ばく露（さらされること）

を示しました。ここで、

ばく露量＝空気中のアスベストの濃度×ばく露の時間

です。ばく露量とは、どれくらいの濃さのアスベストにどれくらいの時間ばく露したのか、ということです。この量とハザードつまりアスベストの種類がわかれば、肺がんと中皮腫を発症するリスクがだいたいわかります。

アスベストの濃度は、空気中を漂っているアスベスト繊維を粉じんなども含めてフィルターにポンプを使って濾過捕集します。これを分析者が顕微鏡で観察しながら数を数えます。実際に捕集したアスベストと粉じんのフィルターを観察した写真を図１－５に示します。フィルター上

図１−５　位相差顕微鏡で観る大気中のクロシドライト繊維
（大気中のアスベストをフィルターに採取）

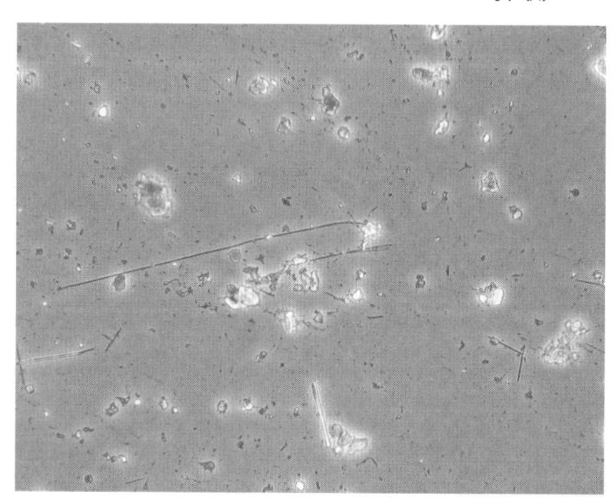

のアスベストの本数を空気の量で割るとアスベストの濃度が得られます。濃度の単位は「本 /mL」や「本/L」のように示されます。これはそれぞれ空気１mLと１L中のアスベストの繊維の本数を示しています。１本/mLと1,000本/Lは同じ濃度です。作業中のアスベスト濃度は、その周辺の一般環境よりも高くなることが一般的です。そのため、本 /mLで作業環境の濃度を示し、本 /Lで一般環境の濃度を示すことが多くなります。

アスベスト濃度を知ることは、リスクを知るために重要です。建物に吹付けアスベストがあってもすぐに除去ができないこともあります。飛散防止の措置（「囲い込み」と「封じ込め」88ページ　コラム参照）をとって経過を見る必要がある場合もあります。その場合には、定期的に気中アスベスト濃度測定を行うことがあります。アスベストの除去工事の周囲で濃度測定を行うことで管理することもあります。建物の所有者や工事の関係者が、いくつかの代表的な状況でのアスベスト濃度を理解しておくことは有益です。

（5）さまざまな環境でのアスベスト濃度

アスベストの被害は、鉱山をはじめとして、運輸や運搬、製造工場、そして建設での施工の現場、さらには施工された建材の除去の現場で発生しています。建設の関係で最も高濃度のアスベストを発生させる作業つまり最も危険な作業は、アスベストを吹付け施工する作業です（図１－６　写真左）。これは数本/mLから数百本/mLの濃度となるとの報告があります[8)]。非常に危険な作業であったことから、日本では1975年に原則禁止されました。

次に高濃度となる作業は、アスベスト含有建材の除去の作業と成形板等の電動工具による切断の作業といえます。吹付けアスベスト等の除去

図１−６　アスベスト関連作業の写真

の作業では、数本/mL から数十本/mL の報告があります[9)][10)]。成形板等の電動工具による切断の作業（図１－６　写真右）については、多くの報告がありますが、成形板の種類、使用されたアスベストの種類と含有率、使用した工具や条件によってかなりの幅があり、概ね 0. 数本/mL から数百本/mL の範囲内です[11)][12)]。

成形板を除去する作業については、0.00 数本 /mL から数本 /mL と、こちらもかなり幅があります。作業の方法、密閉の条件、湿潤の条件の影響が大きいようです[13)][14)]。

吹付けアスベストが施工されている建物内のアスベスト濃度については、静穏で風もなく、力が加わらない状態では、１本/L 以下ですが、力が加わると、除去時と同じようにアスベストが飛散します[10)]。

（6）アスベスト濃度の基準

アスベストは発がん物質として管理されているために、目安となる基準があります。

労働環境の基準としては、「管理濃度」があります。これは労働安全衛生法に基づく製造工場等での作業環境測定の基準値で、0.15本/mL

です。しかし日本には継続的な製造工場はすでに存在しないので、作業環境測定は実施されていません。

公的なものではありませんが、日本産業衛生学会が発表している労働現場での許容濃度では、クリソタイルのみの場合で0.15本/mL、発がん性の強いアモサイト等を含む場合で0.03本/mLとしています[15)]。許容濃度は、これらの濃度での生涯ばく露（50年間の累積ばく露）を受けた場合の肺がんおよび中皮腫の発がんリスクを1,000人中に1人以下にするための値で、疫学調査を元に決めています。アスベストを扱う解体作業などの労働現場では、防じんマスクをしていてもこれらの濃度を上回らないことが望ましいと考えられます。

環境基準は定められていませんが、環境省が所管する大気汚染防止法では、アスベスト製品の製造工場の周囲（敷地境界）での濃度の基準を10本/Lとしています。2021年に発表された厚労省と環境省のマニュアル[16)]では、法的な規制力はないもののアスベスト除去現場周囲の濃度として1本/Lを目安として示しています。

アスベストは発がん物質で、繊維をわずかな量であってもばく露してしまうと、それに対応してわずかに発がんリスクが上がります。「ばく露ゼロ」が理想ですが、周囲にこれだけアスベスト含有建材が存在すると、それは難しいのが現実です。そのため状況に応じて、濃度を測定して管理することが必要になってきます。

〈コラム　疫学調査の話〉

アスベストの発がん性は、肺がんについては1940年代に、中皮腫については1960年代に報告があり、研究が進められてきました。鉱山、製造工場などでの被害が広がっていたのです。1950年代に現在のアスベスト濃度測定法が確立し、濃度測定が行われるようになり、ばく露量（ばく露濃度×時間）と発がんの関係が調査されていきます。これらの疫学調査によって、ばく露量に対する発がんの強さが数値として示されました。日本産業衛生学会の許容濃度は、複数の疫学調査を検討して、1/1,000リスクを求めたものです。基準値を持つ危険有害物質の多くは、動物実験で得られたデータを使用して基準値を決めていますが、アスベストは被害が大きく、世界中で疫学調査が進められました。そのため信頼性の高いヒトのデータを利用できるのです。大きな犠牲をはらって得られた貴重な情報であり、その影にはたくさんの苦しんだ人々がいることを忘れないようにしたいものです。

（7）アスベストの分析と測定の難しさ

建材にアスベストが入っているかどうかを知るためには定性分析が必要です。定性分析は物質の有無を判断するための分析です。アスベストは繊維状のけい酸塩鉱物で、けい酸塩鉱物は地殻の大部分を占めるありふれた物質ですから、「繊維状」であることを確認しなければなりません。そのため、分析では分析者が顕微鏡で建材を観察して、眼で見て判断します。このとき、14ページの図1－4のようなアスベスト様形態を偏光顕微鏡で探します。建材に意図的に添加している場合は、数%以上入っているため、分析はそれほど難しくないことが多いですが、不純物として混入している場合、何らかの理由で含有率が低い場合、また、セピオライトなどのアスベストと似た物質が入っている場合は、分析は難しくなります。分析者が眼で見て、分析者が判断することになりますから、分析者が十分な技術を持っていることが重要です。

アスベストの空気中の濃度を測定するためには、空気中の粉じんをフィルターに採取します。16ページの図１－５は、フィルターを観察した画像です。分析者は、400倍の位相差顕微鏡を使って、繊維を１本１本数えます。地味な方法ですが、こちらも「繊維状」という定義上、分析者が眼で見て判断するこの方法が基本です。こちらも顕微鏡の性能や分析者の能力によって結果が変わります。

このようにアスベストの分析は、分析者の技量に左右されます。化学分析では、精度管理が重要ですが、アスベストの分析では特に重要です。アスベストの精度管理と技術者の養成は下記の団体が実施しています。修了者、認定者、合格者はホームページで公開されています。

○　一般社団法人日本環境測定分析協会　https://www.jemca.or.jp

　アスベスト偏光顕微鏡実技研修（建材分析、大気濃度測定）

　アスベスト分析技能試験（技術者対象、試験所対象、繊維計数技能試験）

○　公益社団法人日本作業環境測定協会　https://www.jawe.or.jp

　石綿分析技術評価事業（評価区分１～３：建材分析、評価区分４：気中石綿濃度）

（8）アスベストの被害の特徴

アスベストの被害の第一は、アスベスト鉱山、アスベスト製品製造工場や建築現場などで働く労働者の「職業ばく露」です。工場内のアスベスト関連作業の周辺での作業、例えばアスベスト製品製造工場の事務作業のようにアスベストを直接取り扱いませんが、作業場から発散するアスベストにばく露してしまう近傍でのばく露も発生しています。ほとんどの職域における有害物質の影響が及ぶ範囲はここまでですが、アスベストは飛散性が高く、かつ発がん性が強いことから、さらに被害が広がっています。アスベストを取り扱う労働者の家族が労働者の作業着を洗濯するなどしてばく露してしまうのが「家族ばく露」と言われています。さらにアスベストは工場の壁を超え、周辺住民に被害を及ぼす「環境ばく露」も問題となっています。さらには、吹付けアスベストなどの飛散性の高いアスベスト含有建材が建物にあり、経年劣化や振動によって飛散するアスベストへのばく露である「建物ばく露」による被害も実際に発生しています。職業ばく露による被害が最大であることは、間違いありませんが、それ以外のばく露に被害が20%におよぶという推定もあります[17)]。

環境ばく露については、日本では2005年の「クボタショック（22ページ　コラム参照）」があります。典型的な環境ばく露によるアスベストの大きな被害です。

建物ばく露については、厚生労働省がアスベストによる業務上疾患として労災認定を受けた労働者が所属していた事業場とばく露の種別を毎年公表しています。1999年から2020年までに全産業で13,163人が認定を受けており、そのうち、アスベストばく露作業状況が「吹付けアスベストのある部屋・建物・倉庫等での作業」に分類された労災認定は、232人でした（85ページ　コラム参照）。このことは、アスベストにより労災認定された人のうち約1.8％は、直接アスベストの作業に従事しておらず、吹付けアスベスト等のある建物内での作業つまり建物ばく露により認定を受けていたことを意味します。

このようにアスベストは、発がん性が強いこと、飛散性が強いことなどから職業ばく露にとどまらない被害を発生させており、このことは、次章の関係法規と関連しています。

〈コラム　クボタショック〉

2005年6月に報道された「クボタショック」は、アスベストの被害が製造工場で働く労働者だけでなく、周辺住民へ拡大していることが社会に衝撃を与えました。最初の住民の中皮腫による被害は５人でしたが、半年後には、調査により85人となり、2020年には肺がん等を含めて被害は369人に達しています[18)]。クボタ旧神崎工場では、1950年代からアスベストの中でも発がん性の強いクロシドライトを使用して水道管を製造していました。工場で働く労働者よりもばく露量が少ないはずの周辺住民に、半世紀後に甚大な被害を発生させています。アスベストの危険性の重大さ、深刻さを示す悲劇です。

アスベストによる環境汚染による被害ですから「公害」とみることができますが、水俣病や四日市ぜんそくのような典型的な公害とは異なる面があります。つまり、不要となった有害物質を意図的に廃棄したことが原因ではなく、本来は製品に入れるべきアスベストが漏洩したことによる被害という点です。それほどにアスベストは発がん性が強力なのです。

(9) アスベストの被害はどこまで広がるのか？

前節でアスベスト関連疾患である中皮腫の被害の増加についてお話しましたが、アスベストの被害はどこまで広がると予想されるのでしょうか？

図１－７で示したように、日本における2018年の全国の中皮腫による死亡者は1,512人でした。2015年から４年連続で1,500人を超え、1995年の500人から３倍に増加しています。累計の死亡者は２万5,000人を超えました。中皮腫は潜伏期間が数十年のため、近年の中皮腫の死亡者数の急増は、1960年代の輸入量の増加とパラレルになっています。

図１−７　石綿輸入量と中皮腫死亡者数の推移（日英比較）

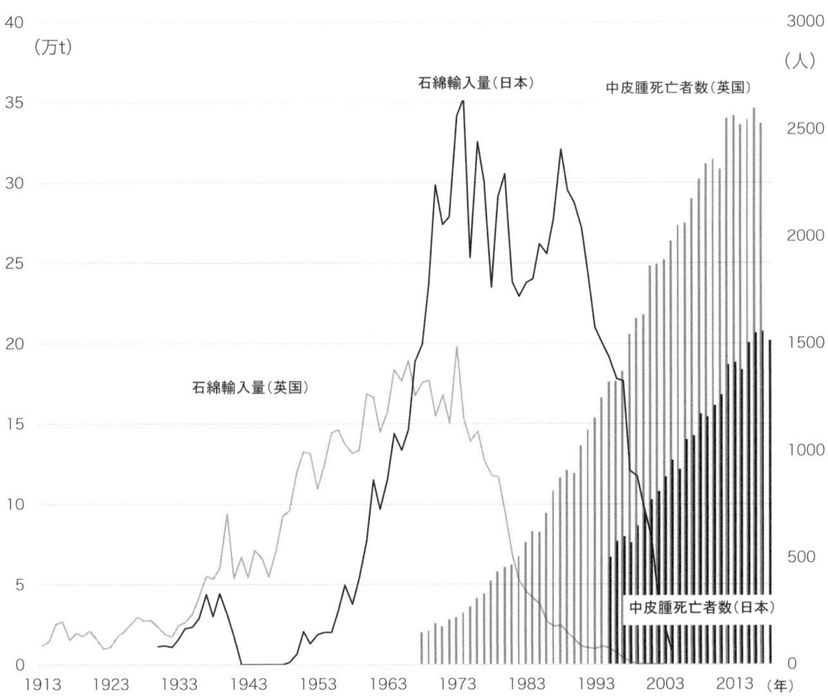

今後の推計のために英国の同じ統計（薄いグラフ）と比較しているのが図１－７です。英国は日本よりも石綿の大量使用時期が早く、そのため被害の顕在化が約20年早かったのです。現在の英国の中皮腫死亡者数は2,500人を超えています。日本の石綿の輸入量は、英国の約1.6倍です。日本の中皮腫死亡者数がいずれ3,000人を超えることは間違いないと予想されます。石綿の被害はまだ始まったばかりなのです。被害が拡大する中で、残されたアスベスト含有建材の適正な取り扱いがより強く求められます。

③ アスベスト含有建材

アスベスト含有建材には非常に多くの種類があります。建材によって飛散のしやすさ、リスクが異なります。吹付けアスベストのようにリスクが高いものは、健康影響を起こすだけではなく、対策の費用も高額になります。一方、スレート板のようにセメントでアスベストが固定されていて飛散しにくいものは、健康影響を起こしにくいと同時に対策の費用も高リスクの建材と比較して低額です。ここでは、アスベスト含有建材のリスクと建物の年代と構造によるアスベスト含有建材の使われ方を解説します。国内で製造されたアスベスト含有建材の情報は、国土交通省と経済産業省が開設しているウェブサイト「石綿（アスベスト）含有建材データベース」(以下、データベース）にまとめられています。データベースに掲載されているアスベスト含有建材は42種類、2126製品です。本書ではこのデータベースを元に石綿含有の時期や含有している石綿の種類等を示していますが、データベースに掲載されていない未確認の製品もあるため、データベースに掲載されていないから、またデータベースの製造年以降の施工だからという理由で、アスベスト含有なしの判断はできません。石綿データベースでは製造終了年が記載されていますが、これは確認できている製品についての情報のため、基本的にこれらの建材が確認された場合は、分析による調査または、建材の裏面に印刷されている情報から含有の有無の判断が必要です。2006年９月１日以降に着工した建築物については、着工年月日を設計図書で確認することによって、アスベスト含有建材が使われていないとすることが認められています。2006年８月31日以前に着工した建築物については、採取・分析または建材の裏面の（準）不燃認定番号などを確認し、メー

図１−８　事前調査でのアスベスト含有の有無の確認

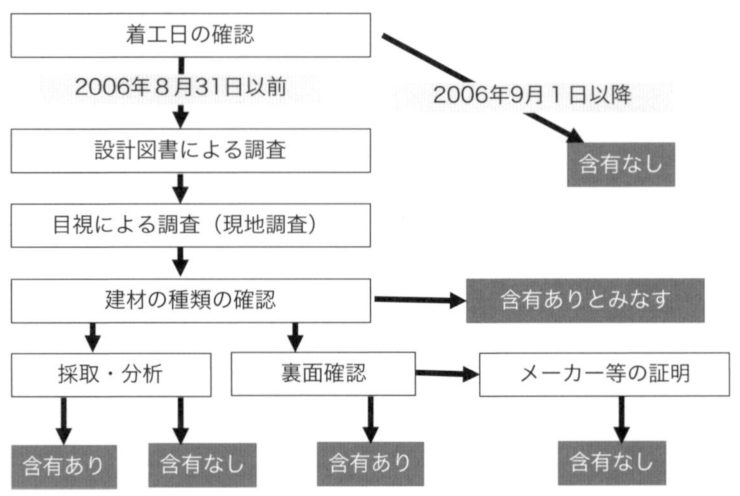

カーの証明によって含有の有無を判断することになります。アスベスト含有の有無の確認と判定の方法を図１－８に示します。

建材のカラー写真は、下記から閲覧可能です。
一般社団法人建築物石綿含有建材調査者協会 HP
https://asa-japan.or.jp/gallery

〈コラム　アスベスト含有建材と「みなす」こと〉

石綿障害予防規則第３条第４項にあるように、目視調査でアスベストの含有の有無が不明な場合は、分析調査を行うか、アスベスト含有と「みなす」ことになります。この「みなし」をうまく使うことで、効率的な調査が可能となります。通常、「みなし」とするのは、レベル３の石綿含有建材です。レベル１と２は除去費用が高額となるため、分析調査を行うことがほとんどです。2020 年の法改正によって、レベル１、２でも「みなし」ができるようになり、吹付けクロシドライトや煙突断熱材のように石綿含有が目視でも十分に確認できる建材は、「みなし」ができるようになりました。

建材の「みなし」の適用は、２つの観点から判断されることが多いです。１つは石綿含有の可能性です。例えば、スレート波板は 2004 年以前の製品には、ほぼ確実に石綿が含有していますから、「みなす」ことが多い建材です。スレート波板以外のセメント板（繊維とセメントを加圧・加熱して成形した板）も石綿含有の可能性が高い建材です。逆に、ロックウール吸音天井板やビニル床タイルは、アスベストを含有していることが少ない建材で、通常は「みなし」とはしません。もう一つの観点は、施工量です。施工量が少なく、分析費用＞対策費用となる場合は、「みなし」とすることがあります。

（1）吹付け石綿等（レベル１）

吹付け施工されたアスベスト含有建材は、飛散性が高く、リスクが高いために「レベル１」と呼ばれています。これには次の５種類の建材が該当します。これらは、リスクが高いことと、対策費用も高額になることから、施工場所や状況を把握しておきたい建材です。除去するためには、基本的に作業場の隔離養生と集じん・排気装置により作業場内を負圧に保ち、粉じんの漏洩を防ぐ対策が必要となり、除去にはそのための費用がかかります。

①吹付け石綿

②石綿含有吹付けロックウール

③湿式石綿含有吹付け材

④石綿含有吹付けバーミキュライト

⑤石綿含有吹付けパーライト

①吹付け石綿

吹付け石綿は、アスベストとセメントを混合させた原料を水と一緒に吹き付けて施工するものです。アスベスト含有率は最大70%で、飛散しやすいために最も危険なアスベスト含有建材です。施工する作業では、作業者が非常に高濃度のアスベストにばく露することから、1975年に原則禁止され、メーカーも製造を中止しています。クリソタイル、アモサイト、クロシドライトを１種類使用したもの、２種類以上を混合したもの、２層に吹き付けたものがあります。施工の目的は主に次の２点です。①鉄骨の周りに耐火のための被覆材として施工されるもので、これは鉄骨造の建物に施工されています。建築基準法により耐火建築物としなければならない鉄骨造の建物は、柱、梁に吹付け石綿を施工し、耐火構造にすることがあります。写真１の吹付け石綿（クリソタイル）は鉄骨の左下の部分が脱落しています。②吸音、断熱、結露防止等のために施工されるもので、主に鉄筋コンクリート造の建物に施工されています（８ページ　表１－２参照）。例えば、鉄筋コンクリート造の建物の最上階の天井裏には、結露防止のために吹付け石綿が施工されていることがあります。機械室には防音のために施工されることがあります。写真２は鉄筋コンクリート造の建物の機械室の壁と天井に施工されている吹付け石綿（クロシドライト）です。

吹付け石綿は、最も危険なアスベスト含有建材です。1975年以前の施工ですから、ほとんどの場合は劣化が進行しています。囲い込み工事または封じ込め工事の飛散防止の措置がとられていない場合は、すぐに除去または飛散防止の措置をお勧めします。

②石綿含有吹付けロックウール

吹付けロックウールは、吹付け石綿のアスベストの替わりにロックウール（岩綿）を使用したものです。ロックウールは人工鉱物繊維で、発がん物質ではありません[注)]。1975年にアスベストの吹付け作業が事実上禁止され、吹付け石綿は吹付けロックウールに替わりました。当時のアスベスト含有製品の含有率の基準は５％を超えるもの（今は0.1％超）だったことから、メーカーは施工性を良くするために５％以下の石綿を添加した製品を販売しました。工法は、乾式と半乾式（半湿式）があり、アスベストが入っているのは乾式とされています。乾式の石綿含有吹付けロックウールの製造は大部分が1980年まででですが、特殊なカラーの製品は1987年まで製造されていました。しかし、施工する現場

写真１　吹付けアスベスト（クリソタイル）

写真２　吹付けアスベスト（クロシドライト）

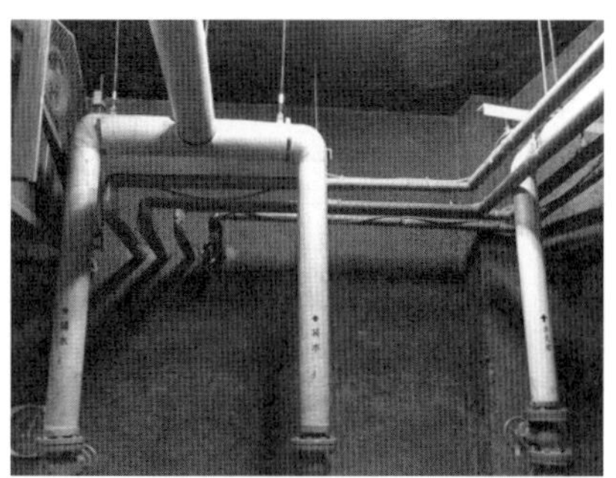

で作業者がアスベストを入れた可能性があるため、実際の含有の終了年は不明です。鉄骨の耐火被覆の吹付け材を見ると、アスベストが危ないのではないかと疑われますが、実際にアスベストを含有している製品は、1980年までがほとんどです。現在では、それ以降に施工されたものが大部分で、アスベストを含有している耐火被覆の割合はそれほど高くはありません。写真３は吹付けロックウールですが、アスベストは含有していません。

注）国際がん研究機関（IARC）はロックウールをグループ３「発がん性について分類できない」としています。

③湿式石綿含有吹付け材

湿式石綿含有吹付け材は、石綿含有湿式吹付けロックウールとも呼ばれ、ロックウールとアスベスト、セメントが基本的な材料で、メーカーによってバーミキュライトやパーライトを加えていました。現場においてミキサーで水を加えて練り、モルタル状にしたものを吹付け施工していました。一般には、相当大規模な建物に使用しており、表面をコテで押さえて、平面に仕上げると、コンクリートと区別がつかないものもあります。写真４の壁面の上部は、吹き付けた状態のまま、下部はコテで

写真３　吹付けロックウール

写真４　湿式石綿含有吹付け材

仕上げた状態です。データベースでは、1989年までアスベスト含有の製品が製造されていました。

〈コラム　吹付け工法〉

アスベストを含有している吹付けロックウールには、乾式工法、半乾式（半湿式）工法、湿式工法の３つの工法があります。乾式工法は、アスベスト、ロックウール、セメントを工場で配合した製品を現場で水と一緒に吹付け施工します。吹付け石綿も石綿とセメントを配合した製品を使用しますから、乾式工法にあたります。半乾式工法は、ロックウールを配合した製品を現場で水とセメントを混合したスラリーと一緒に吹付け施工します。吹き付けた後にスラリーをかけると表面はセメントの硬い膜に覆われるようになります。乾式と半乾式の区別はつけにくいですが、よく見ると乾式の吹付け材は、全体が均質で水と混ざっていないセメントの粉が残っていて、粉っぽい感じがします。一方、半乾式の吹付け材は、白いロックウールとグレーのスラリーが分離していて、２つの質感が混在しています。（写真参照）半乾式の製品にアスベストを入れていたという情報はありませんが、両者の区別がつきにくいことと、半乾式でもアスベスト含有がまれに確認されることから、分析によってアスベスト含有の有無を確認する必要があります。熟練した調査者は、目視で両者を区別して、乾式であればアスベスト含有の可能性が高く、半乾式であれば含有の可能性は低いと判断できます。湿式は固く、比重が重く、乾式や半乾式とは明らかに異なります。

吹付けロックウール（乾式）

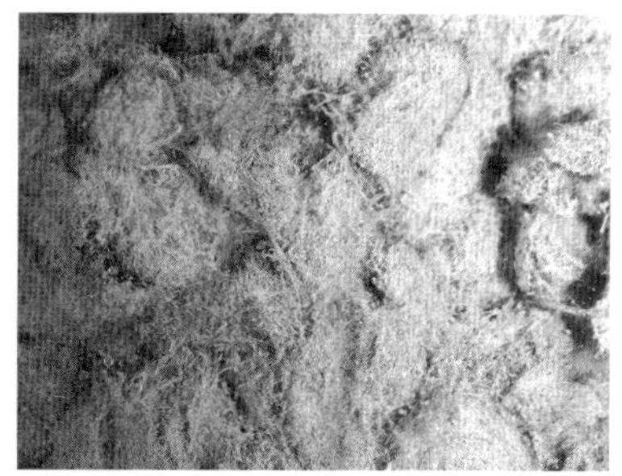

吹付けロックウール（半乾式）

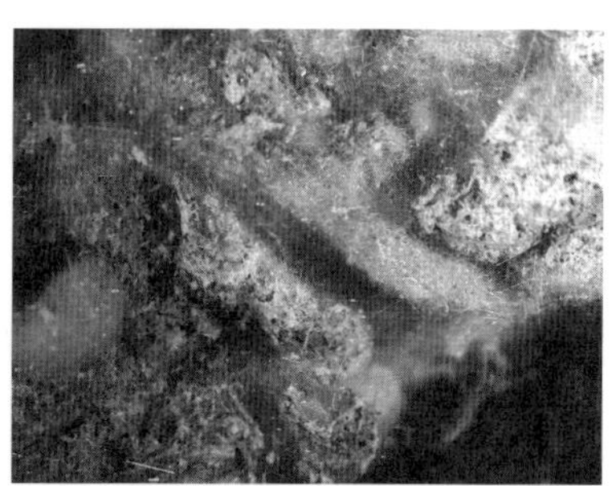

④石綿含有吹付けバーミキュライト

吹付けバーミキュライトは、天然鉱物であるバーミキュライト（ひる石）を高温で焼成して膨張させたものを骨材として、セメント等の結合材といっしょに吹付け施工したものです。他に電着工法もあります。バーミキュライトは、園芸用のバーミキュライトと同じものです。クリソタイルを製品に混ぜたものはクリソタイルが最大39％含有していますが、米国から輸入された一部のバーミキュライトに不純物としてアスベストが混入している場合もあり、こちらは角閃石系のアスベストが微量検出されることがあります。主な用途は、吸音、結露防止また意匠のためで、鉄筋コンクリート造の集合住宅の居室の天井や、階段の裏やベランダの天井に施工されていることもあります。写真５は階段の裏に吸音のために施工されている吹付けバーミキュライトで、これにはクリソタイルの他に角閃石系のアスベストがわずかに含有していました。アスベストの意図的な添加は1989年までとされています。

⑤石綿含有吹付けパーライト

パーライトは真珠岩などを高温で発泡させたもので、これを骨材とし

写真5　吹付けバーミキュライト

写真6　吹付けパーライト

て結合材といっしょに吹付け施工したものです。吹付けバーミキュライトと同様に主に鉄筋コンクリート造の集合住宅の居室の天井に、吸音、結露防止また意匠のために施工されました。白い小さい粒状の仕上がりで、高級感があります。写真6は、天井面に施工されている石綿含有吹付けパーライトです。吹付けパーライトには、意図的にクリソタイルを入れた製品が1989年まで製造されていたことが確認されています。

（2）保温材等（レベル2）

レベル2の石綿含有建材は、大きく分けると、次の4種類です。これらはレベル1に次いで飛散性が高いものです。基本的にレベル1と同様に扱う必要があります。除去するためには、一部の工法を除いて作業場の負圧隔離養生が必要です。

①石綿含有耐火被覆板（けい酸カルシウム板第2種を含む）

②煙突用石綿断熱材

③屋根用折板石綿断熱材

④石綿含有配管保温材

①石綿含有耐火被覆板（けい酸カルシウム板第2種を含む）

石綿含有耐火被覆板は、鉄骨造の建築物のはり、柱などの耐火被覆として貼り付ける製品です。建物内部の延焼を防ぐための耐火区画を貫通する配線や配管による穴を塞ぐためにも使用されました。石綿含有耐火被覆板と石綿含有けい酸カルシウム板第２種の２種類があり、耐火被覆板は、アモサイト等のアスベストとセメントを工場で製造した板状の製品を現場で切断して使用します。けい酸カルシウム板第二種は、原料がけい酸と石灰とアスベストが原料で、工場で製造されました。アモサイトを含む製品が多く、含有率は最高で70％で、リスクが高い建材です。1990年まで製造されていたとされます。写真７は、鉄骨造の建物の耐火被覆板として施工されているけい酸カルシウム板第２種で、除去作業が行われる直前です。

②煙突用石綿断熱材

主に鉄筋コンクリート造の建物のボイラー等の燃焼機器の排気のための煙突の内側に施工され、ガスや排熱からコンクリートを保護しています。煙突用石綿断熱材は1991年まで製造されていました。1987年までは、アモサイトを最高90％含有し、約50mmの厚さの断熱材が製造されていました。高含有率のアスベストをけい酸ソーダで固めたもので、

写真７　耐火被覆板（けい酸カルシウム板第２種）

脆く、飛散性が高い製品です。この断熱材の内側に石綿含有セメント円筒のライナーを付けた製品、けい酸カルシウム板第２種を使用した製品があります。熱やガスの影響を受け、また最上部は屋外の風雨にさらされることから劣化しやすく、ボイラー等の燃焼の際に煙突からの石綿飛散が問題とされています。写真８は、煙突断熱材のある煙突の下部の灰出し口から見上げています。劣化し、表明に毛羽立ちが見られます。建物調査の際には、煙突の有無の確認と、その内部の調査は重要な項目です。

③屋根用折板石綿断熱材

鋼製の折板の裏側に貼り付けて使用される断熱材です。工場、事務所、倉庫や駐輪場、駅の階段の屋根などに施工されていることがあります。アスベストを含有している場合には、含有率は最高90％であり、高含有率でリスクが高い製品です。フェルト状で柔らかく、容易に損傷を受けます。特に注意が必要なアスベスト含有建材の一つです。アスベストの含有は、1983年までとされています。これ以外に、同様の用途で使用された炭酸カルシウム発泡断熱材も石綿の含有製品が製造されていました。写真９は、劣化のない屋根用折板石綿断熱材です。

写真８　煙突用石綿断熱材

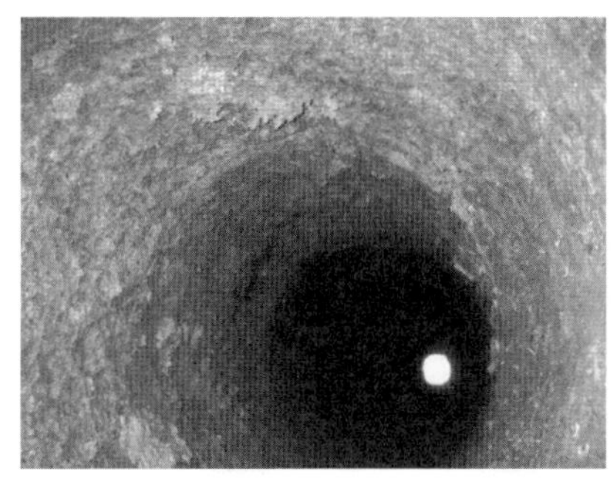

写真９　屋根用折板石綿断熱材

④石綿含有配管保温材

保温材としてのアスベストの利用は、古くから行われてきました。高温や低温の配管、蒸気機関や燃焼設備の外周部に保温、断熱、結露防止を目的として広く使用されてきました。確認されているものは、けいそう土保温材、パーライト保温材、けい酸カルシウム保温材、バーミキュライト保温材、パーライト保温材、石綿保温材の６種類です。けいそう土保温材は粉体の製品を現場で水と混ぜて塗り施工するもので、アモサイトを含有し、1974 年まで製造されていたとされますが、データベースで未確認の製品があり、その後も施工されています。写真 10 は保護テープが剥がれて、粉状の保温材が見えています。これにはアクチノライト・アスベストが使用されていました。アクチノライト・アスベストまたはトレモライト・アスベストの使用は、データベースでは未確認で、アスベストとは認識せずに使用されていた可能性があります。塗り施工される配管保温材は、曲がりの部分（エルボ）に使用されていることが多いです。塗り施工の保温材以外は、板状や半円筒状等の成形品で、1987 年まで石綿含有製品が製造されていました。設備系は建物よりも寿命が短いため、部分的に入れ替えられていることがあり、調査では新旧を確認する必要があります。

写真 10　配管保温材

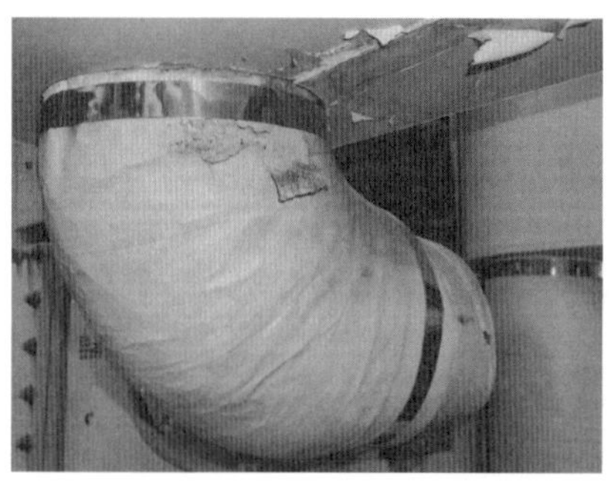

（3）成形板等（レベル3）

データベースには42種類、2126製品が登録されており、このうちレベル3建材は、28種類、2025製品を占めます。全ての種類について説明することはできませんが、代表的な石綿含有建材とその特徴は以下のとおりです。

①石綿含有スレート板

最も生産量が多く、ポピュラーな石綿含有建材です。波板（写真11）と平板があり、大平板、フレキシブルボードや住宅屋根用化粧スレート（写真12）などもスレート板の1種です。データベースには600製品以上が掲載されています。スレート板【JIS A 5430他】は、アスベスト、セメントと水を混合・撹拌し、紙漉きのように積層させた板を加圧・脱水して製造します。アスベストなどの繊維をいれることで、強度を得ることができます。スレート波板は、鉄骨に直接ボルト等で直接取り付けられ、強度があることから、大きな建物を安価に建てることができ、工場や倉庫によく使用されています。スレート平板は、内外装に幅広く使用され、天井、内壁、屋根、外壁、軒天に使用されました。火と水に強いため、調査では、台所、風呂、トイレに注意する必要があります。

写真11　スレート波板

写真12　住宅屋根用化粧スレート

2004年10月まで石綿含有製品が製造されており、非含有製品も製造されていましたが、大部分が石綿含有製品です。そのため事前調査では、分析せずに石綿含有とみなすことが多い建材です。含有率5～50%の製品が多く、含有しているのはクリソタイルの場合が大部分ですが、まれにアモサイト、クロシドライトも使用されています。

②石綿含有押出成形セメント板

押出成形セメント板【JIS A 5441】は石綿、セメント、けい酸質原料と水を中空の板状に押し出し成形し、高温で加圧して固化したものです。外壁材としての使用が多いですが、内装材、間仕切り壁、屋上の防水立ち上がり、ベランダなどの床面などにも使用されました。クリソタイルを数%から数十%含有している製品が2004年10月まで製造されていました。2000年以前の製品は、多くがアスベストを含有していました。そのため分析せずに「みなし」含有とすることもあります。写真13は、東日本大震災の津波で損傷をうけた押出成形セメント板です。

③石綿含有けい酸カルシウム板第1種

けい酸カルシウム板【JIS A 5430】は、セメント、けい酸質原料と水

写真13　押出成形セメント板

を板状に成形し、高温で加圧して固化したものです。内装材としては、スレート平板と同様に水や火の廻りの壁、天井に使用されることが多く、外装材としては、軒天に使われることがあります。レベル３建材の大部分はクリソタイルを使用していますが、けい酸カルシウム板第１種には、アモサイトを使用した製品が製造されていました。アモサイトは、クリソタイルと比較して発がん性が高いこと、飛散性も高いことから、石綿含有けい酸カルシウム板第１種はレベル３建材ですが、2020年10月からは、切断等によって除去する際には、隔離内（負圧は不要）で、常に湿潤化して行うことになりました。木造住宅にも広く使用されており、この製品の有無は解体工事費用に大きく影響することが考えられます。2004年10月まで石綿含有の製品が製造されていましたが、多くのメーカーは1990年代後半までに石綿含有製品の製造をやめています。1990年代以前の製品は、アスベストを含有している可能性が高いと考えられます。

④石綿含有窯業系サイディング

窯業系サイディング【JIS A 5422】は、セメント、繊維、けい酸質原料、木などに水を加えて混合した材料を板状にプレスし、加圧、加熱して固化した製品です。主に住宅などの外壁材として使用されます。約250種類の製品が製造され、2004年までアスベストを含有させた製品が製造されており、含有している可能性が高い製品のひとつで、含有率は５～50％の場合が多いです。写真14は、木造住宅の軒天にけい酸カルシウム板第１種が、外壁には窯業系サイディングが施工されています。

⑤石綿含有ロックウール吸音天井板

ロックウール吸音天井板【JIS A 6301】はロックウールを主材料とし

写真 14　けい酸カルシウム板第１種（軒天）と窯業系サイディング（外壁）

写真 15　ロックウール吸音天井板

た吸音性に優れた天井板です。強度はあまりなく、せっこうボードを下地材として施工し、その上に接着剤と留め具（タッカー）で貼り付ける施工方法（捨て貼り工法）が一般的です。トラバーチン模様と呼ばれる不規則な穴や模様が特徴で、継ぎ目が目立たず高級感があります。実験室や電算室などの天井裏の配線や配管を変更することが見込まれる施設では、アルミのフレームに直接、ロックウール吸音天井板を乗せるタイプのシステム天井が施工される場合もあります。また、一部に軒天井に施工された製品もあります。データベースでは 1987 年までアスベスト含有製品が製造されていたとされており、アスベスト非含有の可能性が高い製品の一つで、含有している場合でも５％以下の含有率がほとんどです。現場で製品名やメーカーを確認することはほとんどできないため、通常は分析によって含有の有無を確認することになります。写真 15 のロックウール吸音天井板は捨て貼り工法で、一部分を張り替えていることがわかります。この場合は、下地のせっこうボードとロックウール吸音天井板の両方から試料採取をして分析することになります。

⑥石綿含有ビニル床タイル

ビニル床タイル【JIS A 5705】は、正方形の薄いタイルで、接着剤で床面に固定されています。建物の構造、用途を問わず、広く普及した建材で、1987年まで、アスベストを含有した製品が製造されていました。アスベスト非含有の可能性が高い製品です。そのため「みなし」で含有ありとはしにくいのですが、一方で改修・補修の頻度が高い製品でもあり、一つの建物で多くの種類の製品が見つかることもあり、調査では慎重に確認する必要があります。また、接着剤にアスベストが含有していることもあり、本体と接着剤を別々に分析する必要があります。含有していても５％以下程度で、また有機成分で固定されていることからもリスクは低いのですが、一つの建物に複数の製品が使用されていると、同一建材の範囲の判断が難しく、分析の点数、「みなし含有」の判断で悩むことがあります。写真16は、２種類のビニル床タイルで市松模様にしており、採取分析も２点となります。

⑦石綿含有せっこうボード

せっこうボード【JIS A 6901】は、石膏を主材料とした板の両面を紙で補強した製品で、建物の構造、用途を問わず、広く普及した製品で

写真16　ビニル床タイル

写真 17　化粧せっこうボード

す。1986 年まで、アスベストを含有した製品が製造されていたとされています。ほとんどがアスベスト非含有の製品ですが、製品全体の１％程度にアスベストを含有しています。含有している製品の大部分は、化粧紙を使った「化粧せっこうボード」(写真 17）と呼ばれるタイプで、紙の部分にクリソタイルが含有しています注)。通常は「みなし含有」とはせずに、裏面に印刷されているメーカー名と防火材料認定番号から、メーカーまたは業界団体に含有の有無を確認して判定することが多いです。しかし、事前調査で全てを確認することはできないため、確認できる範囲を確認し、できなかった部分は解体しながら印字を確認することが必要です。また、せっこうボード下地クロス（壁紙）仕上げという施工が多いですが、この場合には、せっこうボードの継ぎ目を埋めるパテと壁紙にもアスベスト含有の可能性があります。

注）厚さ 15mm のガラス繊維網入りせっこうボードは母材の石膏部分にクリソタイル含有の製品があります。

（4）石綿含有建築用仕上塗材

建築用仕上塗材【JIS A 6909】は、セメント、合成樹脂などの結合剤、顔料、骨材などを主原料として、建物の内外壁や天井を吹付け、ローラー塗り、コテ塗りなどによって立体的な模様に仕上げる材料です。複数の層から成り、実際の施工では、この下に下地調整材【JIS A 6916】が施工されている場合もあり、アスベストの調査では、コンクリート等の躯体より表面を採取し、各層ごとに分析する必要があります。吹付け施工された可能性があることから、2020 年の改正前は、吹付け材つまりレベル１として扱われてきましたが、現在は、レベル１から３以外の建材として扱われ、電動工具を使用して除去する場合は隔離（負圧は不要）内で常に湿潤しながらの除去が求められます。除去の工法は、高圧水で剥がす工法、グラインダー等の電動工具で剥がす工法、剥離材で剥がす工法などがあります。剥離剤工法が安全かつ、隔離等も不要で安価なのですが、有機成分にのみ有効なため、表層有機成分にアスベストが含有している場合は使えますが、無機成分に含有している場合は、高圧水やグラインダーを使用することになります。分析の際に、含有している層を特定することによって工法を決定することになります。写真 18 は、劣化した建築用仕上塗材で、この試料には表層にクリソタイルを含有していたため、剥離剤で除去しました。

写真 18　建築用仕上塗材

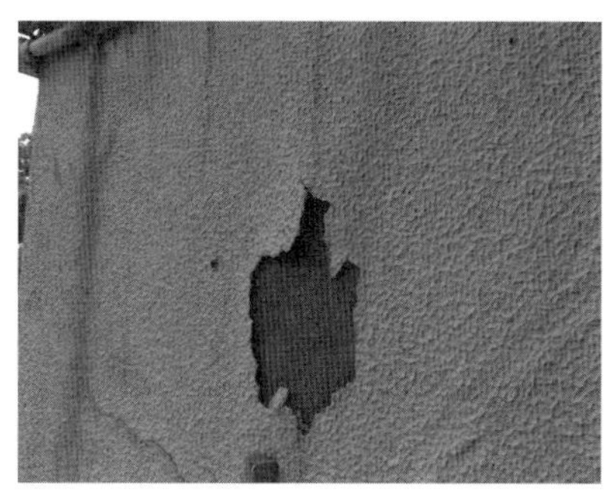

参考文献

1）European Environment Agency. Late Lessons from early warnings: the precautionary principle 1896-2000（日本語版「レイト・レッスンズ　14 の事例から学ぶ予防原則」７つ森書館．2005）

2）McAfee GMR, Wolf C. Glossary of Geology, edited by R. Bates and J. Jackson. Pauls Church, Va.: American Geological Institute. 1972

3）平岡武典．熊本県松橋地区における胸膜肥厚斑の疫学調査．日胸疾会誌　34（４）．1996

4）寺園淳．阪神淡路大震災とアスベスト飛散，震災とアスベスト（NGO 法人ひょうご労働安全衛生センター）．アットワークス．大阪．2010

5）日本環境衛生センター．建築物石綿含有建材調査者講習テキスト第２版．2021

6）Davis JM1, Addison J, McIntosh C, Miller BG, Niven K. Variations in the carcinogenicity of tremolite dust samples of differing morphology. Ann N Y Acad Sci. Dec 31; 643: 473-90. 1991

7）井内康輝．第６章　アスベストの毒性とメカニズム．森永謙二編著．アスベスト汚染と健康被害．2005

8）Health and Safety Executive. Guidance Note EH 35, Probable asbestos dust concentrations at construction processes. 1973

9）Lumley, K.P.S. "Buildings insulated with sprayed asbestos: a potential hazard" Ann. Occup. Hyg, 14, pp. 255-257. 1971

10）Sawyer, R. N. "Asbestos exposure in a Yale building Analysis and resolution" Environmental Research, 13（１）, pp.146–169. 1977

11）木村菊二．アスベスト粉塵の測定法についての検討．第49回日本産業衛生学会第20回日本産業医協議会講演集，pp.372-373. 1976.

12）Hisanaga, N. et al. "Asbestos exposure among construction workers", In Proc ７th International Pneumoconiosis Conference, Pittsburg, PA, August 23-26, pp. 1053-1058. 1988

13）Mlynarek, S. et al, "Asbestos exposure of building maintenance personnel" Regul Toxicol Pharmacol, 23（３）, pp.213-224. 1996

14）外山尚紀他．建築物解体作業現場における石綿曝露に関する検討．産衛誌 44, p.327. 2002

15）日本産業衛生学会．許容濃度等に関する委員会．発がん物質の過剰発がん生涯リスクレベルに対応する評価暫定値の提案理由．2000.

16）厚生労働省，環境省．建築物等の解体等に係る石綿ばく露防止及び石綿飛散漏えい防止対策徹底マニュアル．2021

17）Goldberg M, Luce D. The health impact of nonoccupational exposure to asbestos: what do we know? Eur J Cancer Prev. Nov; 18（６）: 489–503. 2009

18）中皮腫・アスベスト疾患患者と家族の会尼崎支部，尼崎労働者安全センター．「クボタショック」から12年"緩慢なる惨劇"に立ち向かう 9. 2020

第2章

アスベスト関連法規

日本でのアスベストの法的な規制はおよそ半世紀を通じて強化されてきました。当初は製造工場に対する規制から始まりましたが、製品が社会に浸透するに従い、また有害性が明らかになるに従い、追加、強化されて現在に至っています。さらにアスベストは、その利用の過程である採掘、運搬、製造、使用、除去、廃棄の全ての段階での管理が必要であり、そのうえに石綿関連疾患による被害が労働者だけでなく、周辺住民や建物利用者に及んでいることから、複数の法規により規制されています。そのためアスベストを規制する法規は多岐にわたり、複雑です。建物所有者や管理者の皆さんがアスベスト規制におけるそれぞれの法的な役割や義務を理解することの重要性が増しています。

1 アスベストの法規制の歴史

現状の複雑な法規制を理解するために、アスベストの法規制の歴史を振り返ります。日本では半世紀にわたってアスベストを規制しており、それは規制強化の歴史です。アスベストによる疾患は、20 世紀初頭の英国において製造工場で働く労働者に石綿肺が多発したことが始まりでした。その後 1930 年代には、肺がんを起こすことが報告され、1960 年代には、中皮腫の原因となることが明らかになりました。つまり、遅発性の重篤な疾患の原因となることが明らかになるのに応じて、規制が強化されてきたのです。

その結果、1960 年代から世界のアスベスト使用国で、発がん物質としての規制の検討が始まります。国際労働機関（ILO）と世界保健機構（WHO）がアスベストを発がん物質と認定したのは、1972 年です。日本では、1971 年に労働省が特定化学物質等障害予防規則（特化則）で、局所排気装置[注)]の設置と稼働を義務付ける等の規制が始まりました。図２－１に1971年以降の日本のアスベストの規制の歴史を示します。当初の規制は、主に製造工場を対象としたものでした。1972年に労働安全衛生法が労働基準法から独立し、労働省のアスベスト規制の大元となります。

注）局所排気装置は、製造工場等で有害物質が発生する間近にファン等で吸い込み気流を発生させ、有害物質が拡散する前に捕捉し、屋外に排気する装置です。

1975年９月、特化則が改正され、アスベストは特に有害な物質として「特別管理物質」に指定されました。発がん物質としての規制はここから始まります。この改正では、吹付けアスベスト作業が原則禁止されます（一定の条件を満たせば作業はできますが、現実的ではなかったた

図２−１　アスベストの法規制半世紀の歴史

1971	特定化学物質等障害予防規則制定　石綿規制のはじまり（製造工場）
1972	労働安全衛生法制定
1975	特化則改正　吹付けアスベスト作業禁止
1987	学校パニック
1989	大気汚染防止法の規制（製造工場）
1995	阪神淡路大震災 特化則、安衛令改正=石綿除去作業の規制、青石綿と茶石綿の禁止 石綿等の定義が5重量%超から1重量%超に変更
1996	大気汚染防止法の規制（特定粉じん排出作業）の開始
2004	建材等への石綿使用禁止、管理濃度を2f/mlから0.15f/mlに変更
2005	クボタショック 石綿障害予防規則制定
2006	建築基準法の規制の開始　石綿原則禁止 石綿等の定義が1重量%超から0.1重量%超に変更
2011	東日本大震災
2012	石綿全面禁止
2020	石綿障害予防規則、大気汚染防止法改正

め、メーカーが製造を中止しました。)。1975年以前の建物には最も危険なアスベスト含有建材である吹付けアスベストが施工されている可能性があります。したがって、1975年という年は、建物所有者の皆さんや調査をする皆さんには重要な年といえます。また、1975年の時点では、石綿含有建材のアスベスト含有の基準は、アスベストを5重量%を超えて含有する製品でした。アスベスト含有率が5重量%以下の吹付け作業は可能だったため、メーカーは吹付けアスベストの代わりに、アスベスト含有率が5%以下の吹付けロックウールを1980年までの間、製造しました。

1980年代後半もアスベスト対策の転換点といえます。世界的にアスベストの健康影響についての研究が進んだ結果、職業ばく露だけではなく、環境ばく露や職業ばく露の影響も注目されるようになりました。米国環境保護庁(EPA)は、1984年に建物のアスベストについて全国調査を行い、特に学校に残されている吹付けアスベスト等の飛散性が高い建材が大量に残されていることを発表しました。そして、1986年に全ての学校内のアスベスト含有建材の調査と対策等を規定したアスベスト災害緊急対策法(Asbestos Hazard Emergency Response Act: AHERA)が制定されます。アスベスト対策としての除去作業の規制も強化され、現在のような隔離と負圧管理が義務付けられました[1)]。その影響から日本では、学校の教室等の天井に吸音のために吹付けアスベストが使用されていることが明らかになり、「学校パニック」と呼ばれる社会問題になりました。吹付けアスベストの除去についても米国から現在のような隔離と負圧管理の技術が導入されますが、法的な強制力はありませんでした。せっこうボード、ビニル床タイル等のいくつかの建材がアスベスト含有を終了したのも1986年から1987年です。

アスベストの輸入量は1990年代に入ると減少しますが、残されたアスベスト含有建材の対策の重要性が増してきました。そして、1995年に労働省は、アスベスト含有建材の除去現場の規制として、特化則を改正し、解体・改修前の事前調査、吹付けアスベスト除去の届出と1980年代後半に導入された除去時の隔離と負圧管理を義務付けました。また、アスベスト含有製品の基準が5重量%超から1重量%超に強化されました。翌1996年、環境庁は大気汚染防止法でも、吹付けアスベスト等の除去について同様の規制を開始しました。

改正特化則の施行の直前に発生した阪神淡路大震災では、アスベスト含有建材を使用した建物が一時に大量に被災するというこれまでに経験したことがない危機であったといえます。図2－2は、被災地の復興の過程での解体工事の様子です。重機が持ち上げている鉄骨に付着しているのが、吹付けアスベストです。特化則は改正されたものの、非常時でもあり、このように吹付けアスベストが適切に処理されないことが多

図2－2　阪神淡路大震災後の解体工事の様子

1995年2月　撮影　中地重晴（環境監視研究所）

かったという報告もあります[2)]。

次のアスベスト関連法規の転換は、2005年です。2005年6月にアスベスト含有製品製造工場の周辺住民に中皮腫が多発している問題が報道され、アスベスト問題がクローズアップされます。「クボタショック」です。その直前に制定されたのが石綿障害予防規則（石綿則）です。厚生労働省はそれまでの特化則からアスベストの規制を独立させて石綿則としました。これにより、吹付けアスベストだけでなく、成形板も含めた全てのアスベスト含有建材の除去作業、つまり一般の解体工事でも、アスベストの飛散防止対策と労働者の健康管理、作業主任者の選任等が義務付けられました。

2006年もアスベスト規制の重要な年です。9月1日にアスベストの使用等の原則禁止が施行されました。9月1日以降着工の建物のアスベスト調査は、着工年月日を設計図書等で確認すれば、アスベスト含有はないとすることができます。またアスベスト含有製品の基準が1重量%超から0.1重量%超に強化され、現在の基準となりました。

環境規制の観点から観ると、1968年に大気汚染防止法（大防法）が公布されました。1968年は、国が水俣病の原因をチッソの工場排水と認めた年です。四日市の大気汚染によるぜんそくも大きな問題となっており、公害や大気汚染が注目され、1970年の「公害国会」を経て大防法は改正され、強化されました。しかし、環境規制としてのアスベストの規制はそれよりも遅れます。1980年代後半になって当時の環境庁は、アスベストについて最新の研究や海外での対策について調査し、1989年から大気汚染防止法にアスベストの規制を加えました。建設現場でのアスベスト除去の規制の開始は、安衛法と特化則による規制開始の翌年の1996年からです。

建築基準法の規制は2006年からで、建材へのアスベストの使用を禁止し、吹付けアスベスト等は、定期報告、勧告の対象となりました。

以上のように、アスベストの規制は、1970年代に製造工場の労働環境を守るための規制が開始され、1980年代に一般環境を保護するための規制が加わり、1990年代には解体と除去の現場での規制となり、2000年に入って建物内の環境の問題としても規制されるようになりました。年代の経過に伴い規制が強化されると同時に、範囲が広がり、また重点が移行したとみることができます。

2 アスベスト関連法規の概要

アスベストを規制する法規は、複数の省庁が所管し、多岐にわたり、複雑なものとなっています。規制上重要な3つの法規として、厚生労働省（厚労省）は労働者保護のために労働安全衛生法（安衛法）で、環境省は住民保護のために大気汚染防止法（大防法）で、国土交通省（国交省）は、建物利用者保護のために建築基準法で、それぞれ規制しています。これら以外にも、廃棄物の処理及び清掃に関する法律（廃掃法）等の規制もあります。アスベスト関連の法規の概要を表2－1に示します。4つの省庁により7つの法律が関係します。

（1）労働安全衛生法と石綿障害予防規則（厚生労働省）

労働安全衛生法（安衛法）は、労働者の保護を目的として、主に事業者の義務等を定めている法律です。アスベストの規制では、厚生労働省（旧労働省）は中心的な役割を担ってきました。安衛法におけるアスベストの主な規制は以下の通りです。

第14条　作業主任者

表2－1　石綿関連の法規の概要

法規	所管	規制内容	主な目的
労働安全衛生法 石綿障害予防規則	厚生労働省	新規の輸入、使用、販売などの禁止 石綿含有製品の取扱い時の規制 石綿含有建材の除去時の対策の規制	労働者保護を目的とした事業者への規制
大気汚染防止法	環境省	特定建築材料（アスベスト含有建材）の除去時の対策などの規制	周辺住民保護を目的とした除去工事の発注者および事業者への規制
廃棄物の処理及び清掃に関する法律	環境省	廃石綿等および石綿含有産業廃棄物の廃棄についての規制	公衆衛生の向上を目的とした廃棄物の排出者および処理業者への規制
建築基準法	国土交通省	増改築時の除去等の義務 石綿飛散のおそれのある場合の勧告・命令	建物利用者の保護を目的とした建物所有者、管理者又は占有者への規制
建設工事に係る資材の再資源化等に関する法律（建設リサイクル法）	国土交通省 環境省	付着物の除去 特定建設資材の分別解体	建築材料の分別解体とリサイクルを目的とした事業者への規制
宅地建物取引業法	国土交通省	宅地建物の売買時の重要事項の説明	購入者等の利益の保護
住宅の品質確保の促進等に関する法律	国土交通省 消費者庁	日本住宅性能表示基準による表示	住宅購入者等の利益の保護

第22条　事業者の講ずべき措置等

第28条　技術上の指針等の公表等

第55条　製造、輸入、譲渡、提供、使用の禁止

第59条　特別の教育

第65条　作業環境測定

第66条　健康診断

第67条　健康管理手帳

第88条　計画の届出

アスベストの製造、使用等の禁止を定めているのは安衛法で、これが最も強力な規定です。違反すると3年以下の懲役、300万円以下の罰金

表２－２　石綿障害予防規則および大気汚染防止法の主要実施事項（事業者）

項目	主な実施事項	安衛法関連注1)	大防法関連注2)
事前調査	調査者等による書面調査と目視調査の実施注3)	規3-1	法18の15、規16の5
	事前調査結果等を発注者に対し書面で説明		法18の15、規16の6、7
	事前調査結果等の記録の工事終了後3年間保存	規3-7	法18の15-3、4、規16の8
	事前調査結果等の現場へ備え付けと掲示	規3-8	法18の1-5、規16条の9、10
作業計画	作業計画による解体等作業の実施	規4	法18の14、規16の14
届出と報告	レベル1、2の除去作業等の作業計画の届出	法88	法18の17
	解体・改修工事の事前調査の結果等の報告注4)	規4の2	法18の15-6
レベル１、２の除去等	隔離、集じん・排気装置による排気、前室等の設置、負圧の維持、漏洩の有無の確認	規6	法18の14、規16の4
	除去が完了したことの確認	規6-3	法18の14、規16の4-5
レベル3の除去	切断等以外の方法による除去作業	規6の2	法18の14、規16の4
	切断等以外の方法による除去が困難な場合の湿潤化	規13	法18の14、規16の4
粉じんが発しやすい建材の切断等による除去	作業場所の隔離、常時湿潤な状態を保持	規6の2-2	法18の14、規16の4
仕上げ塗材の電動工具による除去	作業場所の隔離、常時湿潤な状態を保持	規6の2-3	法18の14、規16の4
作業の報告、記録、保存	作業の結果の発注者への報告		法18の23、規16の15
	事前調査結果の概要、作業記録の概要等の40年間保存	規35	
	作業計画による解体等作業の記録を３年間保存	規35の2	法18の23、規16の15、16
石綿作業主任者	石綿作業主任者技能講習修了者から石綿作業主任者の選任	法14、規19	
特別の教育	石綿が使用されている建築物の解体等の作業に従事する労働者に対する特別の教育	規27	
健康診断	石綿業務の開始時、その後6月以内ごとに1回定期の健康診断	法66、規40	
労働者のばく露防止	建物の吹付けアスベスト等が劣化し、労働者がばく露するおそれがあるときの除去等の対策	規10	

注1)「法18」は安衛法第18条、「規6の2-3」は石綿則第6条の2第3項を意味します。

注2)「法18の23」は大防法第18条の23、「規16の4-5」は大防法施行規則第16条の4第5項を意味します。

注3)　調査者による調査は2023年10月施行

注4)　2022年4月施行

の罰則が適用されることがあります。それ以外には、作業主任者や健康診断、計画の届出のように体制と責任の枠組みを定めています。第22条の細則が石綿障害予防規則（石綿則）をはじめとする特別衛生規則となります。安衛法と石綿則は、その目的である第１条に記されているように、法律上の最低基準を定めるだけでなく、「快適な職場環境の形成(安衛法)」また「石綿にばく露される労働者の人数並びに労働者がばく露される期間及び程度を最小限度にする（石綿則)」こと、つまり、リスクを下げることが求められています。法的な基準以上に、より良い職場環境を作り出すための努力が求められるのが安衛法の理念なのです。アスベスト関連の作業では、規制が厳しいため、「法律を守ってさえいればいいだろう」と考えがちですが、リスクをできるだけ下げることが求められている点も押さえておきたいポイントです。

アスベストに関連する工事等の具体的な規制は石綿則で定められています。石綿則の主な実施事項を大防法の実施事項と合わせて表２－２に示します。

石綿則では、アスベスト関連の工事を行う事業者に対して、解体工事前のアスベスト含有建材の使用状況を調べる事前調査を実施すること、作業計画を定めること、作業の届出、各レベルの除去方法等を定めています。安衛法と石綿則は、基本的に労働者を保護するための事業者の義務の規定です。発注者の責務としては努力義務ですが、アスベストの使用状況を通知することと、規定の遵守を妨げるおそれのある条件をつけないように配慮することが求められます。発注者に求められる主な実施事項を大防法と合わせて表２－３にまとめました。

表2−3　石綿障害予防規則及び大気汚染防止法の主要実施事項（発注者）

項目	主な実施事項	石綿則注)1	大防法注)2
発注者の責務	請負人に対し建築物等の石綿等の使用状況等を通知するよう努めること。 事前調査及び作業の記録の作成が適切に行われるように配慮すること。	規8	
解体等の作業の条件	規定の遵守を妨げるおそれのある条件をつけないように配慮すること。	規9	法18の16
事前調査の費用の負担と協力	事前調査に要する費用を適正に負担することその他当該調査に関し必要な措置を講ずることにより、事前調査に協力すること。		法18の15
事前調査結果と作業計画の説明	事前調査結果および作業計画について、発注者に対し書面で説明すること。		法18の15、規16の6、7
作業計画届	発注者は、レベル1、2の除去作業等について計画を都道府県知事に14日前までに届け出ること。		法18の17
作業の報告	作業が完了したときは、その結果を遅滞なく発注者に報告すること。		法18の23、規16の15

注1)「規8」は石綿則第8条を意味します。

注2)「法18の16」は大防法第18条の16、「規16の6」は大防法施行規則第16条の6を意味します。

〈コラム　26年ぶりの特別衛生規則〉

1972年、労働安全衛生法が制定、施行されました。同時に特化則を含む8つの衛生関連の規則である「特別衛生規則」が整備され施行されました。その後1979年に粉じん障害防止規則が制定されますが、その後26年の間、新たな特別衛生規則は作られませんでした。厚労省は、26年ぶりに新たな特別衛生規則として石綿則を制定したことになります。特化則の対象となる作業は工場が中心ですが、アスベストに関連する作業は建設の解体や除去での作業が中心となり、労働者の職種、作業の内容がかなり異なります。

厚労省は、制定の理由として「事業者が講ずべき措置の内容が特化則に定める他の化学物質に係るものとは大きく異なることとなることから、新たに建築物等の解体等の作業における石綿ばく露防止対策等の充実を図った単独の規則を制定し、石綿による健康障害の予防対策の一層の推進を図ることとしたものである。」としています。解体・改修工事前の事前調査のように石綿則独自の規制が盛り込まれました。

石綿則第１条の後段には、「(事業者は）石綿にばく露される労働者の人数並びに労働者がばく露される期間及び程度を最小限度にするよう努めなければならない。」とあります。これに相当する条文がある特別衛生規則は石綿則以外に特化則、電離放射線障害防止規則（電離則)、東日本大震災により生じた放射性物質により汚染された土壌等を除染するための業務等に係る電離放射線障害防止規則（除染電離則）がありますが、有機溶剤障害予防規則他にはありません。石綿則、特化則、電離則、除染電離則は発がん物質を規制する法規です。アスベストは発がん物質であることから、法規の基準を守るだけではなく、可能な限りリスク（ばく露の期間と程度）を下げることが求められています。

（2）大気汚染防止法（環境省）

大気汚染防止法（大防法）第１条には、「大気の汚染に関し、国民の健康を保護するとともに生活環境を保全し、並びに大気の汚染に関して人の健康に係る被害が生じた場合における事業者の損害賠償の責任について定めることにより、被害者の保護を図ることを目的とする。」とあります。大防法では、アスベストを「特定粉じん」とし、揮発性有機化合物やばい煙、水銀等と共に規制しています。アスベストは非常に発がん性が強いために、粉じんが発生する作業が行われる労働現場の周辺住民にも被害が及ぶおそれがあり、諸外国でも環境部署が規制していることがあります。日本では環境被害の深刻な事例として「クボタショック」が発生しています。解体工事でのアスベスト漏洩が「小さなクボタ」となるのではないか、という周辺住民の懸念から大防法がアスベストを大気汚染物質として規制していると考えるべきでしょう。

表２－２と表２－３を見ておわかりと思いますが、大防法と石綿則の規制はかなりの部分が重複しています。例えば、事前調査は、書面調査と目視調査（現地調査）により行うこと、アスベスト含有の有無が不明なときは分析による調査を行うこと、建築物石綿含有建材調査者等が調査を行うこと（2023年10月施行）は、同じ規制になっています。この他、作業計画、除去等の方法等が類似の規定になっています。２つの法規は、労働者保護（安衛法）、国民（住民）保護（大防法）と目的は異なりますが、対象は同じです。規制の内容がバラバラでは混乱するので、可能なかぎり同一にしているのです。

逆に２つの法規で異なる点を見ると、２つの法規のスタンスの違いがわかります。まず、事前調査については、いずれも事業者（元請業者）が行いますが、大防法では、発注者はその費用を負担する等によりそれに協力することが求められます。元請業者は、事前調査結果を発注者に説明しなければなりません。そして作業計画届は、安衛法は、事業者が労働基準監督署長に届け出ますが、大防法では、発注者が都道府県知事に届け出ます。さらに作業の報告は、大防法のみの規定で、元請業者が発注者に行います。安衛法と石綿則の関係では、発注者が登場するのは、石綿則第８条の「発注者の責務」の努力義務のみです。つまり大防法は、安衛法よりも発注者の責任を重視しているということになります。

〈コラム　発注者の責任〉

建設工事では、発注者を「施主」と呼びます。発注者は、契約上優位な立場にあり、工費や工期の面で決定権があり、適正な工事のために一定の責任があることは自明です。解体工事では、あとには何も残らないので、費用を抑えたい心情は理解できますが、アスベスト対策工事に必要な費用や工程を省略されると飛散に直結します。そのために発注者に対策をよく理解してもらうことと同時に責任を重くすべきという方向性が環境省の検討会で議論されました。その結果、2013年の大防法の改正で、元請事業者は事前調査結果を発注者に説明し、届出の主体も発注者に変更するという改正が盛り込まれました。一方、厚労省の石綿則は、基本的に労働者を保護するための事業者に対する規制なので、そこまでは求めず、「発注者の責務（第８条）」がありますが、努力義務にとどまっています。発注者の責任を重くする傾向は、今後も続くと予想されます。

（3）建築基準法（国土交通省）

建築基準法は、その第１条にあるように「建築物の敷地、構造、設備及び用途に関する最低の基準を定めて、国民の生命、健康及び財産の保護を図り、もつて公共の福祉の増進に資することを目的」としています。建築基準法は、主に建物の通常の利用時における規制です。建築基準法で規制しているアスベスト含有建材は、「石綿の飛散のおそれのある建築材料」である吹付けアスベストとアスベスト含有吹付けロックウールの２つです。

建築基準法のアスベストに関連する規制は、以下の３点です。

①石綿その他の物質の飛散又は発散に対する衛生上の措置（第28条の２）

2006年の改正により、建物への吹付け石綿及び石綿含有吹付けロックウールの使用を禁止し（第28条の２）、これらが施工されている建築物は「既存不適格建築物」とされました。既存不適格建築物は、ただちに対策を要するものではありませんが、増改築時にこれらの建築材料の除去等が義務付けられています。

②報告、検査等（第12条）

建築基準法では、特定建築物（規模、用途等によって規定）等を対象として、定期報告を義務付けています。報告事項には石綿の飛散のおそれのある建築材料の有無、使用されている場合の措置の状況（対策の有無）があります。ただし、この調査については、一級建築士、二級建築士又は建築物調査員が行うとされており、建築物石綿含有建材調査者の調査は義務付けられていません。

③著しく保安上危険な建築物等の所有者等に対する勧告及び命令（第10条）

吹付け石綿等が劣化し、衛生上危険な状態と認められる場合には、特定行政庁は除却、移転、改築、増築、修繕、模様替、使用中止、使用制限その他保安上又は衛生上必要な措置をとることを勧告することができます。国土交通省は、2015年に「既存不適格建築物に係る是正命令制度に関するガイドライン」を発表しています。

（４）宅地建物取引業法（国土交通省）

宅地建物取引業法（宅建法）は、「宅地建物取引業を営む者について免許制度を実施し、その事業に対し必要な規制を行うことにより、その業務の適正な運営と宅地及び建物の取引の公正とを確保するとともに、宅地建物取引業の健全な発達を促進し、もつて購入者等の利益の保護と宅地及び建物の流通の円滑化とを図ることを目的とする（第１条)」法律です。

宅建法でのアスベストの規制は１点のみで、宅地建物取引業者は、宅地建物の売買又は貸借の当事者に対して、契約成立までに宅地建物取引士をして重要事項を書面で説明させなければならない（第35条）というものです。この重要事項説明の中に「当該建物について、石綿の使用の有無の調査の結果が記録されているときは、その内容（同法施行規則第16条の４の３)」とあります。

つまり、売買と貸借の契約前に、アスベスト調査の結果を説明しなさい、という趣旨です。ただし、規定にあるように、調査結果が記録されている場合に限られます。

（5）住宅の品質確保の促進等に関する法律（国土交通省、消費者庁）

住宅の品質確保の促進等に関する法律（品確法）は、「住宅の性能に関する表示基準及びこれに基づく評価の制度を設け、住宅に係る紛争の処理体制を整備するとともに、新築住宅の請負契約又は売買契約における瑕疵担保責任について特別の定めをすることにより、住宅の品質確保の促進、住宅購入者等の利益の保護及び住宅に係る紛争の迅速かつ適正な解決を図り、もって国民生活の安定向上と国民経済の健全な発展に寄与することを目的（第１条）とする」法律です。品確法に基づいて、国土交通大臣及び内閣総理大臣は、住宅の性能に関する表示の適正化を図るため、日本住宅性能表示基準を定めており（第３条)、表示基準に従って表示すべき住宅の性能に関する評価方法の基準として、吹付け石綿および石綿含有吹付けロックウールの有無、その採取・分析方法、室内のアスベスト濃度等の表示方法が定められています。

品確法は、第１条にあるように、売買契約における瑕疵担保責任について定めるもので、違反に罰則が適用されるものではありません。しかし、吹付け石綿があるにも関わらず、表示しないで売却した場合には、民事的な請求を求められる根拠とされることがあります。

（6）建設工事に係る資材の再資源化等に関する法律（国土交通省・環境省）

建設工事に係る資材の再資源化等に関する法律は、建設リサイクル法（建リ法）とも呼ばれる、いわば建設資材のリサイクル推進法です。アスベストに関連するのは、「特定建設資材廃棄物をその種類ごとに分別することを確保するための適切な施工方法に関する基準として主務省令で定める基準に従い、行わなければならない。」とある第９条の分別解体の基準として、石綿が付着していないことの調査を行うことが義務付けられています。

建材をリサイクルする際にアスベストが混ざっていないことを調査するという趣旨の規定です。ただし、特定建設資材とは、コンクリート、コンクリート及び鉄から成る建設資材、木材、アスファルト・コンクリートで、吹付け耐火被覆が施工されている鉄骨は含まれません。

（7）廃棄物の処理及び清掃に関する法律（環境省）

廃棄物の処理及び清掃に関する法律（廃掃法）は、「廃棄物の排出を抑制し、及び廃棄物の適正な分別、保管、収集、運搬、再生、処分等の処理をし、並びに生活環境を清潔にすることにより、生活環境の保全及び公衆衛生の向上を図ることを目的（第１条）とする」法律で、廃棄物となったアスベストの処理等を定めています。

廃棄物となったアスベストは、レベル１および２の建材とその除去作業によって発生したフィルター等の廃棄物は「特別管理産業廃棄物」として特別管理産業廃棄物保管基準に従い埋め立て処分又は溶融処理され、それ以外のアスベストの廃棄物は、「石綿含有産業廃棄物」又は「石綿含有一般廃棄物」として埋め立て処分又は溶融処理しなければなりません。

❸ 2020年の大防法と石綿則の改正

2020年、大防法と石綿則が改正されました。その後、関連する告示と通達が発せられ、改正の全体像が明らかになりました。表2－4に大防法の主な改正点を、表2－5に石綿則の主な改正点を示します。

大防法での石綿の規制は、これまで第18条の14から第18条の20でしたが、これが第18条の25までとなり、条文が大幅に増加しました。石綿則は、第6条の2（石綿含有成形品の除去に係る措置）他が追加され、第3条（事前調査）は、これまで3項でしたが、2021年に7項、2023年には9項となります。改正の概要は以下のとおりです。

表２−４　大気汚染防止法の主な改正点

条項	項目	改正の概要
18条の14	特定粉じん排出等作業の作業基準	規制対象にレベル3建材を追加し、除去の方法等の作業基準の変更、除去等が適切に行われたことの確認
18条の15	解体等工事に係る調査及び説明等	必要な知識を有する者による調査及び調査結果の報告を追加
18条の16	特定工事の発注者等の配慮等	発注者の配慮を元請業者等に拡大し、説明義務を追加
18条の17	特定粉じん排出等作業の届出	レベル1，2の除去等の工事を「届出対象特定工事」とする
18条の18	計画変更命令	災害時の例外規定を追加
18条の19	特定建築材料の除去の方法	除去、封じ込め、囲い込みを規定
18条の20	作業基準の遵守義務	対象に下請負人、自主施工者を追加
18条の21	作業基準適合命令等	対象に下請負人、自主施工者を追加
18条の22	下請負人に対する元請業者の指導	特定工事の元請業者の各下請負人への指導の努力義務
18条の23	特定粉じん排出等作業の結果の報告等	作業の記録の作成、保存と発注者への報告
18条の24	国の施策	国の施策として、特定粉じんの排出又は飛散の抑制に関する施策の実施に努める
18条の25	地方自治体の施策	地方公共団体の施策として、特定粉じんの排出又は飛散を抑制するよう必要な措置を講ずることに努める
26条	報告及び検査	報告徴収の対象に営業所、事務所その他の事業場を追加。
34条	罰則	作業基準違反への直接罰　18条の19違反は3月以下の懲役又は30万円以下の罰金

表２−５　石綿障害予防規則の主な改正点

条項	項目	改正の概要
3条	事前調査	必要な知識を有する者による調査および分析調査の追加。分析調査、調査結果の記録と保存、掲示。工事の進行に伴う調査
4条の2	事前調査の結果等の報告	解体・改修工事の事前調査結果の届出
5条	作業の届出	安衛法88条届出の拡大による変更
6条	吹き付けられた石綿等の除去等に係る措置	漏洩監視、負圧の管理の追加 除去が適切に行われたことの確認
6条の2	石綿含有成形品の除去に係る措置	除去の方法の変更　切断による除去の禁止 特に発じんしやすい建材の隔離・常時湿潤
6条の3	仕上げ塗材の電動工具による除去	隔離・常時湿潤
13条	石綿等の切断等の作業等に係る措置	湿潤困難な場合の除じん性能を有する電動工具その他使用の努力義務
35条の2	作業計画による作業の記録	作業の記録の作成と保存

（1）資格者等による事前調査および分析調査

石綿則第３条と大防法第18条の15では、建築物等の解体等の工事の前に石綿含有建材の使用の有無を調査する「事前調査」を義務付けていますが、調査を行う者についての規定はなく、誰でも調査できる状態が続いていました。今回の改正では、事前調査を行う者の要件として、「建築物石綿含有建材調査者」が定められました。建築物石綿含有建材調査者講習制度と調査できる建物を図２－３にまとめました。

「特定建築物石綿含有建材調査者」又は「一般建築物石綿含有建材調査者」は全ての建物の調査ができ、一戸建て住宅等については、前２者の他「一戸建て等石綿含有建材調査者」が事前調査を行わなければならなくなります。

分析調査とは、建材の石綿含有の有無を分析によって判定するもので、こちらも資格要件はなかったのですが、改正によって、学科講習と実技講習による分析調査講習を受講し、修了した者等が行わなければならなくなります。これらは2023年10月に施行されます。調査者による調査が義務付けられると同時に、その責任も重くなります。石綿則に違反する調査には、事業者だけでなく、調査者が刑事罰を受けるおそれが

図２−３　建築物石綿含有建材調査者制度

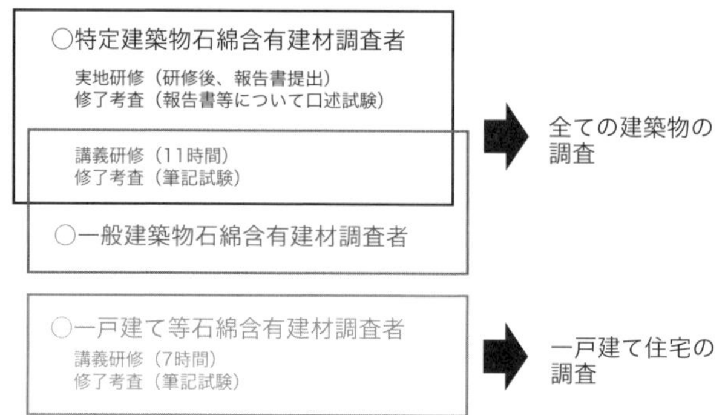

あります。

（2）解体・改修工事の事前調査結果等の報告

石綿則および大防法では、吹付け石綿等（レベル１）と保温材等（レベル２）の除去等の作業について届出を義務付けていましたが、改正によって成形板等（レベル３）については、解体・改修工事の事前調査結果の報告が義務付けられます。報告の対象となるのは、建築物の解体は床面積 80 平方メートル以上、建築物の改修は請負代金 100 万円以上、工作物の解体・改修については請負代金 100 万円以上です。これは、国が新たに整備する電子システムを通じて行うものとなり、2022 年 4 月から施行されています。

（3）事前調査に関するその他の事項

事前調査については上記（１）、（２）以外に、書面調査及び現地調査を行うことが明記され、調査において石綿含有の有無が判断できない場合は分析調査を行うか、石綿含有建材とみなすこと、解体等工事着手前には確認ができない箇所は、着手後に確認が可能となった段階で事前調査を実施すること等が示されました。また、事前調査結果の記録の保存および現場への備え付け等も追加され、事前調査の強化は、今回の改正の重要なポイントとなっています。

（4）除去の方法等の作業基準の変更

石綿則において、石綿含有建材の除去の方法は、レベル１および２については、作業場の隔離と集じん・排気装置による負圧下での作業が、レベル３については、湿潤化等が定められており、大防法では、レベル１および２について、石綿則と同様の規定がありました。今回の改正では、大防法がこれまで規制対象ではなかったレベル３についても規制対象に加えると同時に、除去等の方法を変更しました。レベル３の除去については、改正前は石綿則により、湿潤化のみが法規に示されていましたが、石綿則、大防法ともに切断以外の方法による除去、つまり破砕せずに除去することが明示されました。また、レベル３の中で発じんしやすいものとして厚生労働大臣が定めるものを切断等の方法により除去する作業を行うときはビニールシート等で隔離し、作業中は常に湿潤な状態に保つことが求められます。「発じんしやすいもの」としては、けい酸カルシウム板第１種が指定されています。また、建築用仕上げ塗材は、これまでレベル１として取り扱われてきましたが、これが変更され、電動サンダー等の電動工具によって除去する際は、けい酸カルシウム板第１種と同じ対策が求められるようになります。2020 年の法改正前後のアスベスト含有建材の除去時の対策の比較を表２－６に示します。

（5）除去等が適切に行われたことの確認

石綿含有建材が完全に除去されずに、解体工事が行われると石綿の飛散につながります。完全な除去の確認は重要な工程です。これまではその法的な義務はなかったのですが、改正によって義務付けられました。石綿則第６条第３項には「石綿等に関する知識を有する者が当該石綿等又は石綿含有保温材等の除去が完了したことを確認した後でなければ、隔離を解いてはならない。」とあり、「石綿等に関する知識を有する者」として、建築物石綿含有建材調査者又は当該特定工事に係る石綿作業主任者等が指定されています。

また、大防法施行規則第 16 条の４では、「特定建築材料の除去、囲い込み又は封じ込めの完了後に、除去等が完了したことの確認を適切に行

表２−６　2020年法改正前後のアスベスト含有建材の除去時の対策の比較

<table>
<tr><th colspan="2">法改正前</th><th colspan="2">法改正後</th></tr>
<tr><th>建材</th><th>飛散防止対策</th><th>建材</th><th>飛散防止対策</th></tr>
<tr><td>吹付け石綿
吹付けロックウール
吹付けバーミキュライト
吹付けパーライト
建築用仕上げ塗材</td><td rowspan="2">①作業場所の隔離、②集じん・排気装置による排気、③セキュリティゾーンの設置、④負圧の維持、⑤作業開始時の漏洩の有無の確認、⑥作業開始時等の負圧の維持の確認、⑦異常時の対応</td><td>吹付け石綿
吹付けロックウール
吹付けバーミキュライト
吹付けパーライト</td><td rowspan="2">①作業場所の隔離、②集じん・排気装置による排気、③セキュリティゾーンの設置、④負圧の維持、⑤作業開始時の漏洩の有無の確認、⑥集じん・排気装置の変更時の漏洩の有無の確認、⑦作業開始時等の負圧の維持の確認、⑧異常時の対応、⑨除去の完了の確認</td></tr>
<tr><td>耐火被覆板
煙突用断熱材
折板裏断熱材
配管保温材</td><td>耐火被覆板
煙突用断熱材
折板裏断熱材
配管保温材</td></tr>
<tr><td rowspan="2">成形板
接着剤</td><td rowspan="2">①湿潤化</td><td>けい酸カルシウム板第1種
（切断以外の方法による除去が困難なとき）
建築用仕上げ塗材
（電動工具により除去するとき）</td><td>①隔離
②常時湿潤な状態</td></tr>
<tr><td>成形板
接着剤
けい酸カルシウム板第1種
（上記の工法以外）
建築用仕上げ塗材（上記の工法以外）</td><td>①切断以外の方法
②湿潤化</td></tr>
</table>

うために必要な知識を有する者に当該確認を目視により行わせること。」とあり、確認を適切に行うために必要な知識を有する者として建築物石綿含有建材調査者、当該特定工事に係る石綿作業主任者等が通達により示されています。

石綿則では、レベル１、２の除去を対象としていますが、大防法では、「特定建築材料の除去」つまりレベル３も含めた全ての石綿含有建材の除去を対象としており、ここは２つの法規に若干のずれがあります。

（6）作業の記録の作成、保存と発注者への報告

石綿則第35条の2が新設され、事業者は、作業計画に従って石綿使用建築物等解体等作業を行わせたことについて、写真その他実施状況を確認できる方法により記録を作成し、3年間保存することが義務付けられました。大防法では、施行規則第16条の4第3号に元請業者、自主施工者又は下請負人による作業の実施状況の記録の作成があり、こちらは、保管期間は作業の終了までで、元請業者は、作業が適切に行われたことを確認する必要があります。また大防法では第18条の23が新設され、元請業者は、発注者に対して作業の結果を書面で報告し、作業に関する記録を作成し、記録と書面の写しを3年間保存しなければなりません。（大防法施行規則第16条の15）

（7）作業基準違反への直接罰

大防法の罰則が強化され、大防法第18条の19が新設されました。これは隔離等の中で行われるレベル1、2の除去等の作業について規定したもので、この規定に違反したときには、違反した事実をもって、3ヶ月以下の懲役又は30万円以下の罰金に処せられます。（第34条3号）

（8）国および地方公共団体の施策

大防法第18条の24（国の施策）、同25（地方公共団体の施策）が新設されました。これは、近年多発している地震や水害に備え、災害時における石綿飛散防止対策をすすめることを目的として、建物所有者が石綿含有建材の使用状況の把握を国や地方公共団体が後押しすることをうたっているものです。関連して、環境省では、2020年度から「石綿含有建材の使用状況の把握に関するモデル事業」を実施しており、主な地

方自治体では、石綿含有建材のデータベースの作成を開始しています。

以上のように、2020年の法改正は、これまでにない大きな改正といえます。2023年10月まで段階的に施行され、規制強化が進むため、工事に関係する事業者の皆さんはこれに対応しなければなりません。建物の所有者・管理者の皆さんも無関係ではありません。規制の強化、特に調査者による調査、一般の解体工事の届出、除去方法の厳格化によって、除去工事の工費が上がることが予想されます。前述したように、発注者つまり所有者・管理者の責任は重くなる傾向にあります。建物の購入から維持管理、増改築工事、解体までの間のアスベスト管理を適切に実施することが求められる時代になっているといえます。

参考文献

１）村山武彦．アスベストによる居住環境汚染のリスクアセスメントに関する基礎的研究．1989

２）山本進：阪神大震災と環境保全　震災時の環境対策の概要とアスベスト対策．都市政策：93, 1998

第3章

事項別のアスベスト対策

前章で示したように、アスベスト関連の工事業者だけではなく、建物の所有者・管理者にとってもアスベスト対策は決して無視できる問題ではなくなっています。大気汚染防止法の届出違反では刑事罰が科せられることがあります。それだけではなく、アスベストの対策を怠ったために、多額の損害賠償を求められることもありえます。具体的な事例については、第４章を参照ください。この章では、建物の取引から解体までの各ステージでの建物所有者・管理者のためのアスベスト対策について解説します。

1 不動産取引

アスベスト含有建材が使用されている建物を知らずに購入してしまうと、解体・改修工事の際に初めてアスベストが使用されていることがわかり、当初想定していなかった高額な費用が発生することがあります。また、吹付けアスベストなどのアスベスト含有建材を適切に管理しないと、建物を利用する人々がアスベストにばく露し、健康被害が発生するおそれがあります。不動産取引の際にアスベストの調査を義務付けたり、アスベストのある建物の販売を禁止する法規はありませんが、不動産取引時のアスベスト調査は必須になってきています。もしも、アスベスト含有建材のある建物を購入すると、将来的に管理や除去のための費用が発生することになります。

法規で定められている事項は、宅地建物取引業法の「重要事項説明」と住宅の品質確保の促進等に関する法律の「住宅性能表示」がありますが、近年では、不動産売買の際のデューディリジェンス（適正評価手続）の一環としてのアスベスト調査が行われるようになっています。この章では、はじめに関係法令による規定を確認し、その後でデューディリジェンスについて詳しく解説します。

（1）重要事項説明（宅地建物取引業法）

第２章で説明したように、宅地建物取引業法（宅建法）では、宅地建物取引業者は、宅地建物の売買又は貸借の当事者に対して、石綿の使用の有無の調査の結果が記録されているときは、その内容を書面で説明させなければならないとしています。

宅地建物の取引は、動産の取引と比べて権利関係や取引条件が複雑であり、十分に確認しないで契約を締結すると、当初予定していた利用ができなかったり、契約条件を知らなかったことによる不測の損害が発生することがあります。こうしたトラブルから生じる紛争を防止するためには、売主や貸主は、売買や賃貸等の契約締結に先立ち、宅地建物の取引の相手方に取引条件を十分に理解してもらう機会を設ける必要があります。この機会が重要事項説明です。

そのため、売買や賃貸といった取引の種類を問わず、重要事項説明は必要となり、アスベスト調査の記録の有無等の説明が必要となります。宅建法上、アスベスト調査の記録の範囲について明確に規定されていませんが、現実的には、土地・建物全体を対象とした売買の場合、取引の対象が建物全体となるため、アスベスト調査の全記録が説明の対象となり得ます。

国土交通省は、重要事項説明のためのガイドラインとして「宅地建物取引業法の解釈・運用の考え方」及び「重要説明事項説明書標準様式」を公表しています[1)]。ガイドラインの要旨は以下のとおりです。

①調査結果の記録が保存されているときは、調査の実施機関、調査の範囲、調査年月日、石綿の使用の有無及び石綿の使用の箇所を説明する

こと。ただし、調査結果の記録から、これらのうちいずれかが判明しない場合にあっては、売主等に補足情報の告知を求め、それでもなお判明しないときは、その旨を説明すれば足りるものとする。

②調査結果の記録を別添することも差し支えない。

③売り主及び所有者に調査の記録の有無を照会し、必要に応じてその他の関係者にも問い合わせた上、存在しないことが確認された場合又はその存在が判明しない場合は、その照会をもって調査義務を果たしたことになる。

④石綿の使用の有無の調査の実施を宅地建物取引業者に義務付けるものではない。

⑤紛争の防止の観点から、売主から提出された調査結果の記録を説明する場合は、売主等の責任の下に行われた調査であることを、建物全体を調査したものではない場合は、調査した範囲に限定があることを、それぞれ明らかにすること。

標準様式の記載例を図３－１に示します。

以上のように宅建法の重要事項説明では、アスベスト調査が実施されている場合には、その実施の範囲内で説明すればよく、調査の義務があるわけではない点、「調査を実施していない＝アスベストがない」ではない点、調査結果の精度を保証するものではない点に注意しなければなりません。

集合住宅内の一室を対象とした賃貸の場合、賃貸エリアにてアスベスト調査の履歴があれば説明の対象となります。一方、屋上部分や機械室内部等にてアスベスト調査の履歴があった場合、賃借人が通常アクセスしないエリアであるものの、上述の通り重要事項説明の趣旨が取引の相手先に取引条件を十分に理解してもらう必要があるため、トラブルを回避するためにも説明することが推奨されます。なお、宅建法上の重要事

図３−１　重要事項説明における石綿についての記載例

①石綿使用調査結果の記録がある場合

石綿使用調査結果の記録の有無	(有)	無
石綿使用調査の内容	調査の実施機関　：株式会社建物調査 調査の範囲　：事務棟および倉庫 調査年月日　：〇〇年〇月〇日 石綿の使用の有無：有（「調査報告書」参照） 石綿の使用の箇所：「調査報告書」参照 管理組合の依頼により上記調査会社が実施した調査報告書を添付。	

②石綿使用調査結果の記録がない場合

石綿使用調査結果の記録の有無	有	(無)
石綿使用調査の内容	売主、管理組合、施工業者に当該調査の有無について照会しましたが、本件建物についての石綿使用の有無の調査は実施してない旨の回答でした。	
石綿使用の有無 （有・無・(不明)）	売主、管理組合、施工業者に照会しましたが、本件建物に石綿が使用されているか否かの確認はできませんでした。	

③石綿使用調査結果の記録がない場合　（木造一戸建て住宅の例）

石綿使用調査結果の記録の有無	有	(無)
石綿使用調査の内容	売主、管理組合、施工業者に当該調査の有無について照会しましたが、本件建物についての石綿使用の有無の調査は実施してない旨の回答でした。	
石綿使用の有無 （有・無・(不明)）	売主、管理組合、施工業者に照会しましたが、本件では石綿が使用されているか否かの確認はできませんでしたが、本件物件は、木造一戸建て住宅のため、通常使用時に飛散するおそれのある吹付け石綿等が使用されている可能性は低いと考えられます。なお、スレート板等の石綿含有成形板等は使用されている可能性がありますが、成形板については、通常使用時に飛散するおそれはないと考えられます。	

項説明は、不動産会社を介して宅地建物の売買や賃貸を行う場合、宅地建物取引士による説明が求められますが、個人間での取引の場合は重要事項説明の義務付けはありません。しかし、アスベストの調査履歴がある場合、無用なトラブルを回避するためにも、買手や借手にアスベストの結果を説明することが推奨されます。

(2) 住宅性能表示（住宅の品質確保の促進等に関する法律）

住宅の品質確保の促進等に関する法律（品確法）は、住宅の品質確保の促進と購入者等の利益の保護及び紛争の迅速かつ適正な解決を目的とした法律です。品確法では、登録住宅性能評価機関が申請者（売り主）の依頼により、住宅性能評価を行い、標章を付けた評価書を交付することによって、客観的かつ公正な評価を保証するものです。そのために日本住宅性能表示基準[2)]が定められており、表示基準に従って表示すべき住宅の性能に関する評価方法の基準として、吹付け石綿及び石綿含有吹付けロックウールの有無、その採取・分析方法、室内の石綿濃度等の表示方法を定めています。アスベストに該当する部分を図３－２に示します。

(3) デューディリジェンス

不動産取引の際にアスベストの調査を義務付けたり、アスベストのある建物の販売を禁止する法規はありません。一方、不動産投資家・購入者が土地建物の投資・購入判断をする際の自主調査として不動産の価値やリスク等を精査するためデューディリジェンスがあります。デューディリジェンス（Due Diligence）とは、Due は義務の意味で、Diligence は努力という意味をもちます。デューディリジェンスは、企業価値の査定や法律に関わる資産について調査する作業のことを指しま

図３−２　住宅性能表示の住宅性能評価書のアスベストについての表示方法

<table>
<tr><th colspan="3">項　目</th><th colspan="2">結　果</th></tr>
<tr><td rowspan="4">6.空気環境に関すること（続き）</td><td colspan="2">6-4 石綿含有建材の有無等
[□選択せず]</td><td colspan="2">評価対象住戸における飛散のおそれのある吹き付け石綿及び吹き付けロックウールの有無並びに測定する建材ごとの石綿含有率等</td></tr>
<tr><td rowspan="3"></td><td>吹き付け石綿及び吹き付けロックウールの有無</td><td colspan="2">吹き付け石綿　□あり　□なし
吹き付けロックウール　□あり　□なし
（結果が「あり」の場合のみ、以下のそれぞれの建材の「石綿含有建材の含有率等」の結果を表示する。）</td></tr>
<tr><td rowspan="2">石綿含有建材の含有率等</td><td>建材の名称
[　吹き付け石綿　]

使用部位
[　　　　　　]</td><td>石綿含有率：[　　　　]%
建築物の名称：[　　　　]
建築物の施工年　：[　　年]
石綿含有建材の施工年　：[　　年]

<採取条件>
採取部位及び場所　：[　　　　]
試料の大きさ　：[　　　　]
採取方法　：[　　　　]
採取を行った年月日　：[　　年　　月　　日]
その他の採取条件　：[　　　　]

<分析方法>
試料粉砕方法　：[　　　　]
使用した分析機器　：[　　　　]
分析方法　：[　　　　]
残さ率　：[　　　　]
検出下限　：[　　%]
定量下限　：[　　]
分析を行った年月日　：[　　年　　月　　日]
その他の分析条件　：[　　　　]
分析をした者の氏名又は名称（建材の採取及び測定を行った者が異なる場合に限る。）　：[　　　　]</td></tr>
<tr><td>建材の名称
[吹き付けロックウール]

使用部位
[　　　　　　]</td><td>石綿含有率：[　　　　]%
建築物の名称：[　　　　]
建築物の施工年　：[　　年]
石綿含有建材の施工年　：[　　年]

<採取条件>
採取部位及び場所　：[　　　　]
試料の大きさ　：[　　　　]
採取方法　：[　　　　]
採取を行った年月日　：[　　年　　月　　日]
その他の採取条件　：[　　　　]

<分析方法>
試料粉砕方法　：[　　　　]
使用した分析機器　：[　　　　]
分析方法　：[　　　　]
残さ率　：[　　　　]
検出下限　：[　　%]
定量下限　：[　　]
分析を行った年月日　：[　　年　　月　　日]
その他の分析条件　：[　　　　]
分析をした者の氏名又は名称（建材の採取及び測定を行った者が異なる場合に限る。）　：[</td></tr>
</table>

す。不動産のデューディリジェンスは、不動産投資家や企業が不動産を売買する際に実施される不動産の分析と調査のことで、不動産鑑定業務と呼ばれることもあります。

不動産デューディリジェンスの内容は不動産価値減価リスク、事業リスクの評価とその改善対策費用、違法建築等を見る建築基準法の遵法性、耐震構造評価、修理改善等の建築系項目と土壌汚染・アスベスト・PCB 機器・排ガス・排水・廃棄物等の環境系項目等から構成されます。アスベストは不適切な管理により健康被害を発生させるおそれがあり、また、対策費用が高額になることから、環境系項目のなかでも土壌汚染に次ぎ不動産価値減価リスクが大きい項目です。

デューディリジェンスとしてのアスベスト調査の結果、吹付け材をはじめとしたアスベスト建材が確認された場合には、以下のような要因による価値の減額が発生することになります。

・維持管理のための追加の費用
・アスベストの除去等の対策の費用
・イメージダウンが賃料等を下落させるおそれ
・工事期間は建物を使用することができないことによる機会損失
・心理的要因による建物価格の減価

買手側がデューディリジェンスの一環として専門家（不動産鑑定士やアスベスト調査・分析会社）によるアスベスト調査を行い、減額交渉をしてくることが一般的になっています。減額が大きいと不動産取引が成立しなくなってしまいます。また、不動産取引の最中に、想定していない新たな資産価値減額の問題が出てくると対応が難しくなり、交渉も後手になり、不利になることがあります。

デューディリジェンスの内容は、不動産鑑定、建築基準法の遵法性評価、耐震構造評価、環境系項目の評価、といった多岐にわたります。そのため、それぞれの専門会社が専門分野を対象とした調査を担当します。アスベストの場合、不動産鑑定や建築基準法の遵法性評価を担当する会社が担当することもありますが、各社の調査担当が必ずしもアスベストの専門家ではありません。近年では、不動産業者が建築物石綿含有建材調査者に本格的な建物調査を依頼したり、不動産会社内で建築物石綿含有建材調査者の資格者を確保し、精度の高いアスベスト調査を実施することも行われるようになっています。

デューディリジェンスにおけるアスベスト調査を構成する実施項目の概要や注意点を以下に説明します。

①既存資料の確認

デューディリジェンスにおけるアスベスト調査の対象となる建物の多くが稼働中であることから、調査に先立ち、竣工図や過去のアスベスト調査・分析報告書等の既存資料を閲覧、検討し、立入が必要と考えられるエリアでの調査を現建物所有者に事前承諾を得ておくことが調査を円滑に進めるためのポイントとなります。代表となる既存資料は以下のようなものがあります。

- ・竣工図
- ・増改築等の履歴情報（増改築工事履歴一覧、増改築工事図面等）
- ・アスベスト調査・分析報告書
- ・アスベスト定期自主点検報告書
- ・アスベスト対策工事の履歴情報
- ・建築基準法にもとづく特定建築物定期調査報告書
- ・宅地建物取引業法にもとづく重要事項説明書における「石綿使用調査結果の記録の有無」、「石綿使用調査の内容」

過去のアスベスト調査・分析報告書のなかには、調査・分析対象となった建材名、アクセス範囲・未調査範囲、試料採取位置図等が不明で、再現性が低い調査報告書が見られることがあります。また、アスベスト分析は、分析方法、分析が実施された年代、分析対象となる建材によっては、分析機関によって結果にばらつきが生じることもあります。

さらに国内でのアスベスト法規制は年々段階的に強化されてきていることからも、過去のアスベスト調査・分析報告書を鵜呑みにせず、再現性のある調査結果か、現在の法規制に適用できるか否か適正に評価する必要があります。

②現地調査

デューディリジェンスにおけるアスベスト調査の対象となる建物の多くが稼働中であることから、専用部内についてはアクセスできない、内装材を部分的に破壊し壁裏等の隠蔽部を目視する破壊調査も許可されない、又は従業員に分からない、又は目立たないように調査するといった制限事項が発生します。また、調査時間が短い時間しか与えられないことも多く、解体等の事前調査に比べて制約が多いことが一般的です。そのため、調査者はばく露リスクの高いと想定されるエリア、対策費の高い場所を既存資料等から事前に抽出し、短時間の現地調査で現状を目視し、リスク評価していく技能が要求されます。具体的には、アスベスト建材のなかでも飛散性が高く、対策費が高額なレベル１及びレベル２を分析やばく露リスク評価の対象とする場合が多く、レベル３については、施工範囲が広い場合や劣化・損傷が確認された場合、対策費が高額となる可能性がある建物では、分析やばく露リスク評価の対象とすることがあります。

建物所有者によっては、アスベスト建材の定期自主点検を実施している場合があります。定期自主点検にて、「アスベスト建材の劣化・破損はない」と報告されていたとしても、それは定期自主点検の実施時点での結果です。先入観を持たずにアスベスト建材の状態を観察することが必要となります。

③リスク評価

石綿則の10条では、吹付け材や保温材・耐火被覆板等の損傷・劣化によりアスベスト繊維が飛散し、労働者がばく露するおそれがある場合には、除去工事等の対策が求められます。そのため、不動産取引の対象となる物件でも、アスベスト建材が損傷・劣化し、テナントをはじめとした建物利用者へのリスクが高いと判断され、物件の稼働状況やアスベスト建材の使用箇所等をふまえ対策工事を実施することができない場合、「対策を講じることができないリスク」となり、不動産取引自体が成立しなくなる可能性があります。

ばく露リスク評価の方法としては、東京都の「民間建築物の石綿（アスベスト）点検・管理マニュアル」[3)]を参考にして評価することがあります。その他、外資系企業では、より厳格なリスク評価の基準を整備している場合もあります。

④報告書作成

不動産売買前のアスベスト調査報告書は、不動産取引だけでなく、融資の度に金融機関をはじめとした関係者が閲覧、検討します。また、売主側からの提供資料として既存のアスベスト調査報告書が正しいかどうか判断するために追加調査が求められることもあり、場合によっては買主側が独自に調査を実施することもあります。さらに、アスベストは宅建業法上の重要事項となっていることから、既存のアスベスト調査報告書は新規テナントによる入居検討時にも確認されます。

このようなことから、調査実施者は再現性の高い調査報告書の作成が求められます。また、建物の利用状況によって調査実施日以降、アスベスト建材に新たに劣化・破損が発生する可能性があることから、アスベスト調査報告書が示す内容は、調査実施日時点の状況であることを明確に示す必要があります。アスベスト調査報告書に記載が必要となる情報は以下の通りです。

・調査の目的

・調査実施日

・現地案内者名、調査実施者名

・立入範囲/未立入範囲

・未立入範囲となった理由

・調査でレビューした竣工図や既存アスベスト調査結果といった各既存資料の概要

・調査で確認された各アスベスト建材の種類、範囲、状態

・各既存資料レビューの結果より、未立入範囲において使用が想定されるアスベスト建材の種類

・分析試料の採取位置図

・アスベスト分析結果

・リスク評価結果に基づく、今後の維持管理案

⑤購入後に発生する費用

前述したような制限事項から、デューディリジェンスにおけるアスベスト調査では解体等の事前調査のように全てのエリアを目視することはできないため、既存資料や対象建物の構造、用途等からアスベスト建材の使用状況を想定し、また、今後予定されている建物利用方法や改修工事の計画等をもとに、発生し得る対策工事の規模と費用について整理することが必要となります。

（4）不動産取引の際の注意点

①レベル１とレベル２に注意

レベル１とレベル２のアスベスト含有建材は存在を知らずに建物を購入してしまうと、将来、自分自身や住民、建物利用者に健康被害が発生するおそれがあります。また解体・改修に伴いアスベスト含有建材を除去しようとすると、多額の費用がかかります。レベル１とレベル２は、

木造住宅に施工されている可能性は低い建材ですが、鉄骨造、鉄筋コンクリート造の建物を購入する際には、注意しなければならない点です。

レベル１は、鉄骨造の建物の鉄骨の周りの耐火被覆として施工される場合と主に鉄筋コンクリート造の建物の機械室、ボイラー室などの吸音や断熱、結露防止のために施工される場合が多く、レベル２は、鉄骨造の建物の鉄骨の周りの耐火被覆として施工される場合（耐火被覆板等）、煙突内（煙突用石綿断熱材）、配管やボイラーの保温材（配管保温材）、折板屋根の裏面の断熱材（屋根用折板裏断熱材）などとして施工されています。（８ページ　表１－２参照）

建物構造、部屋の用途、熱や音を発する設備機器の仕様等からレベル１とレベル２が使用されている可能性があるポイントを推定し、取引時のアスベスト調査を実施することを推奨します。

②アスベスト調査報告書

物件所有者から過去に実施されたアスベスト調査報告書の提供を受ける場合があります。調査報告書には、決められた様式があるわけではなく、目的や内容もさまざまですが以下のものが考えられます。

・建物全体におけるレベル１～レベル３建材を網羅的に調査した報告書
・改修工事に伴う限定したエリアの建材を対象に調査した報告書
・レベル１を対象としたアスベスト分析結果報告書

建物取引を前提としたアスベスト調査の場合、取引対象となる建物全体におけるアスベスト建材の使用概況を把握することが必要となります。そのため、分析結果のみを示す分析結果報告書にて分析対象となった建材がアスベスト不含有であったとしても、建物内全ての建材がアスベスト不含有と評価できない場合があります。また、報告書の内容が信頼できるものかどうかも十分確認する必要があります。

一方、アスベスト調査履歴が一切ない物件も存在します。築年数に対しアスベスト調査履歴がない物件の場合、アスベスト建材が適切に管理されていない可能性があります。アスベスト調査履歴がない物件やアスベスト建材が適切に管理されていない物件を購入することは、把握されていない健康リスクと経済的なリスクを負うことになります。

③レベル３建材

レベル３（成形板等）は、2004 年まで建材として製造されてきたため、多くの建物に残されています。レベル３建材は普通に使用している分には、アスベストの粉じんが発生することはありません。しかし、2004 年までは広く使用されていたこと、2006 年９月１日以降着工の建物以外は、解体・改修の際にアスベストのための調査が必要となることは、覚えておきたいポイントです。

レベル３の建材であっても、解体・改修時には除去と廃棄のための費用が必要になります。2020 年の法改正では、除去方法が厳格化され、その費用もこれまでよりも高額になることが予想されます。建物購入時の調査で、レベル３を含めて全てのアスベスト含有建材を調査し、解体時の費用を試算して不動産価値から減額することも行われ始めています(第４章　122 ページ参照)。

④土地取引の場合

アスベスト建材は建物や設備に使用されていることから、土地のみを対象とした取引の場合、アスベスト調査は対象外となることが多いです。ただし、工場や倉庫といった物件は、外壁にスレート板が使用されていることが多くあり、特に築年数が経過している場合、劣化・破損したスレート板やその破片等が敷地内に放置されていることがあります。アスベストは土壌汚染対策法における特定有害物質に該当しないことから、アスベストによる土壌汚染が土地取引における瑕疵と認められるかどうか微妙であり、裁判では判断が分かれています。(第４章　120 ページ参照）ただし、トラブルを回避するためにも、土地のみの取引であったとしても、アスベスト建材が敷地内に投棄されていないことを確認することをお勧めします。

2 建物の維持管理

アスベスト含有建材が存在する建物では、それを適切に維持管理しなければ、建物を利用する人々に健康被害が発生するおそれがあり、建物の所有者・管理者がその責任を問われることがあります。建物に残されたアスベスト含有建材で最も注意しなければならないのは、吹付けアスベストです。吹付けアスベストがある建物に滞在していたために、日常的な活動のなかでアスベストが飛散してアスベスト関連疾患を発症してしまう事例は数多く発生しています。

〈コラム　「建物ばく露」によるアスベスト関連疾患〉

厚生労働省は、毎年 12 月に「石綿ばく露作業による労災認定等事業場」を公開しています[4)]。これは、年間にアスベストばく露作業による労災認定などを受けた労働者が所属していた事業場の名称、所在地、ばく露状況などの情報をまとめて公表するものです。他の労災認定の事案については、このようなことは行われていませんが、アスベストだけは、潜伏期間が非常に長い重篤な疾患の原因となることから、公表事業場で過去に就労していた労働者の方々に対して、石綿ばく露作業に従事した可能性があることの注意を喚起するために公開されているのです。1999 年から 2020 年までに、全産業で 13,163 人が労災認定を受けており、その大部分は業務でアスベストを扱っていた労働者です。しかし、ばく露作業状況が「吹付け石綿のある部屋・建物・倉庫等での作業」とされる労災認定は、232人でした。つまり、アスベストにより労災認定された者のうち約1.8％以上は自分では直接アスベスト関連の作業には従事せずに、吹付けアスベスト等のある建物内での作業によるばく露により認定を受けていることになります。疾患としては中皮腫が最も多く、肺がん、アスベスト肺、良性石綿胸水、びまん性胸膜肥厚も発生しています。石綿障害予防規則の第10条はこうした建物ばく露を予防するための条文です。

こうした被害が発生した場合には、労働者を雇用している事業者の責任だけではなく、例えば建物の共有部分のアスベスト含有建材が原因の場合には、建物の所有者・管理者の責任が問われることがあります。国際的な標準と比較すると現在の日本の法規では、建物の所有者等の義務はまだ弱いものです。英国や米国、韓国でも建物所有者の調査と管理の義務が明確になっています。発がん物質であるアスベストの所在を確認し、リスク評価し、管理すること、劣化の状態によって除去等の対策をとることが基本という考え方です。英国では、2002年から建物の所有者、管理者にアスベストのリスク管理を義務化し、罰則を適用し、成果を挙げています。日本でも、今後はその方向性が強まることが予想されます。

（1）法的に求められる事項

はじめに法的な要求事項を確認します。明確に建物のアスベスト含有建材の管理を求めている法規は、建築基準法と労働安全衛生法です。これら以外に企業会計基準があります。

①特定建築物の定期報告（建築基準法）

建築基準法第12条は、特定建築物の定期報告を義務付けています。劇場、映画館、旅館、ホテル、百貨店、マーケット、病院、旅館、ホテル、学校、博物館、美術館、下宿、共同住宅などで政令と特定行政庁が定めた規模や階数の条件を満たす場合、その建築物は特定建築物として、建築物調査・防火設備検査・建築設備検査の定期報告対象となります。建築物調査の項目に「石綿を添加した建築材料の調査状況」があり、該当する室名、飛散防止措置の有無、予定等について報告することになります。「石綿を添加した建築材料」とは、吹付け石綿及び石綿含有吹付けロックウールです。

定期報告は、吹付け石綿に限らず安全と火災予防等のために重要な制度ですが、実施率は7割程度[5)]となっており、未実施の場合には、実施する必要があります。定期報告を提出しない場合の罰則は、100万円以下の罰金（第101条）ですが、実際には、事故や火災が発生して、未提出であることが発覚した場合に罰則が適用されたケースが過去にあり、また、行政が督促して、それでも提出しない場合に1年以下の懲役又は100万円以下の罰金（第99条）が適用されるおそれもあります。建物が定期報告を必要とするかどうかわからないときは、自治体に問い合わせる必要があります。

定期報告は、建築士又は特殊建築物等調査資格者等の資格者が判定基準に基づいて行われます。基本的に露出している部分の目視による調査のため、完全に安全性を保証するものではありません。

定期報告の報告事項は、露出したアスベストを添加した建築材料（吹付け石綿又は石綿含有吹付けロックウール）の有無、飛散防止措置（囲い込み又は封じ込め）の有無と措置が実施されていない場合は、実施予定時期です。アスベストを添加した建築材料があり、措置の予定が無いと報告した場合には、地方自治体から措置を実施するように指導されることがあります。

〈コラム　封じ込めと囲い込み〉

建築基準法では、増改築時に吹付けアスベスト等の除去を義務付けていますが、増改築の部分の床面積の合計が延床面積の1/2を超えない場合には、除去のかわりに封じ込め工法と囲い込み工法によって飛散防止の措置をとることができます。封じ込め工法は、表面固化処理又は内部浸透処理により、吹付け層の表面や内部を固定する工事です。劣化が進行している吹付け材の場合は、施工によって脱落のおそれがあるため、付着力試験を実施し、合格した場合に施工します。囲い込み工法は、吹付け面をアスベスト等の粉じんを透過しない材料で囲い込む工事です。いずれの工法も工事によってアスベストの粉じんを発生させるおそれがあり、レベル1の除去時の隔離と負圧換気が必要なため、除去よりもトータルコストは高くなります。

国土交通省の告示（平成18年10月1日　告示第1173号「封じ込め及び囲い込みの措置の基準を定める告示」）にて、封じ込め工事及び囲い込み工事の基準が規定されています。

②労働者のアスベストばく露防止（労働安全衛生法、石綿障害予防規則）

石綿障害予防規則（石綿則）の第2節は、「労働者が石綿等の粉じんにばく露するおそれがある建築物等における業務に係る措置」で第10条のみで構成されています。石綿則は、主にアスベスト含有建材の除去時の対策についての規定ですが、第10条は、労働者を雇用している事業者に対して、使用している建物の吹付けアスベスト等、保温材・耐火被覆板等から労働者を守るための規定です。これらが劣化によって粉じんが発生し、労働者がばく露するおそれがあるときは除去等の措置を講じることが求められています。その第４項では、建物を事業者に貸している建築物貸与者つまり所有者等の義務として、共用部分について同様の規定があります。オフィスビル等で複数の事業者が入っている場合の廊下や階段などの共用部分の石綿の対策を所有者等に求める条文です。建物所有者という立場であっても、安衛法上の義務がある点に注意が必要です。

③資産除去債務（企業会計基準第 18 号）

国が決める法律ではありませんが、企業の財務諸表を作成する際のルールとして財団法人財務会計基準機構の企業会計基準委員会が決める企業会計基準があります。2008 年に企業会計基準第 18 号「資産除去債務に関する会計基準」が公表されました。「資産除去債務」とは、企業が所有する有形固定資産の除去に関して法令又は契約で要求される法律上の義務などのために必要とされる費用を債務として計上することです。アスベストの場合は、法令により建物の解体時に事前調査や隔離等の措置のために通常の解体工事以上にかかると予想される費用を債務として計上することになります。従って、企業会計基準に従って決算に必要な財務諸表を作成しようとすると、アスベストの調査が必要になります。

（2）具体的な対策

建物の所有者等がアスベストの調査と管理を怠ったとしても、罰則の適用を受けることは、まずありません。しかし、現実の建物のアスベストによる被害が発生し、それに対する責任が問われ、賠償請求を受けるおそれがあります。そのような事態を避けるための方法を解説します。基本的な考え方として、法的な要求や基準を満たすというところから、一歩進めて、発がん物質を把握し、適切に管理することを目標にしたいと思います。

①アスベスト調査

建物のアスベストを把握するためには、まず調査が必要です。かと言って、今すぐに全ての建物の調査が必要ということではありません。また調査対象は、基本的に吹付けアスベスト等（レベル１）と断熱材、保温材等（レベル２）です。成形板（レベル３）や仕上塗材は基本的にアスベストが入っていても破砕などの力が加わらない限りは飛散しません。レベル１及び２の石綿含有建材は、基本的に鉄骨造、鉄筋コンクリート造、鉄骨鉄筋コンクリート造の建物に施工されており、木造の建物に施工されることはごくまれですから、木造の建物は通常に使用している分にはアスベスト調査は基本的に不要です。

アスベスト調査の必要性が高い建物とアスベストが使用されている可能性の高い部位は表１－２（８ページ）を参照ください。各建材の製造終了年とリスクから以下に調査の優先度が高い順に年代の目安を示します。図３－３は、各レベル建材のアスベスト含有の可能性をまとめたものです。

1975年以前

最も危険なアスベスト含有建材は、吹付け石綿です。これは1975年以前に施工された鉄骨造、鉄筋コンクリート造の建物に使用されている可能性があります。これは必ず把握しておきたい建材です。実際に発生している被害の原因はほとんどが吹付け石綿で、中でも吹付けクロシドライトは最も危険と考えてください。したがって、1975年以前に竣工した鉄筋コンクリート造、鉄骨造の建物は調査の優先順位が最も高いと

解説：吹付けアスベストは1975年に原則禁止されました。アスベスト含有吹付けロックウールの主要な製品は1980年まで製造され、レベル２建材は1991年まで製造されており、流通を考慮してそれぞれ1982年、1993年以前に施工されたものはアスベスト含有の可能性が高いと言えます。これら以降の施工であっても、基本的に2006年8月31日以前に着工した建物については、分析等によってアスベスト含有の有無を確認しなければなりません。

考えられます。

1976 年から 1982 年

吹付け石綿は、1976 年以降は吹付けロックウールに代わりますが、1980 年までは、アスベストを混ぜた製品が製造されていました。その後も現場で添加したことがあり、石綿が検出されることがあります。1980 年まで製造され、それから２年間は在庫が流通していたと想定すると 1982 年以前に施工された吹付けロックウールにアスベストが含有している可能性が、それ以降と比較して高いので、調査の優先順位を２番目とします。ただし、流通量は多くありませんが、湿式吹付けロックウールは 1989 年まで、色付きのカラーの吹付けロックウールは 1987 年まで製造されていた石綿含有の製品もあります。また、吹付けロックウールでアスベストを含有しているものは、全体の 10％程度という報告もあり[6)]、「吹付耐火被覆・イコール・アスベスト」ではありません。調査することによって、アスベストが使用されていないことを確認し、テナントや利用者の皆さんに安心して使用してもらうメリットもあります。

1983年から1993年

レベル1及びレベル2のアスベスト含有建材の工場での製造は、確認されている範囲で1991年に終了しています。在庫の流通期間を考慮し、1993年までは、レベル1及び2の建材が施工された可能性が高いといえます。ただし、これらはデータベースで確認されている製品についてですから、1993年以降に施工されたこれらの建材に確実にアスベストの含有がないということではありません。

1994年以降

1994年以降に着工した建物にレベル1、レベル2の建材が使用されていることは少ないと考えてよいです。しかし、可能性はゼロではないので、テナントや建物を利用する皆さんの安心のために調査を実施するケースもあります。また、成形板や接着剤等のレベル3のアスベスト含有建材は2004年まで製造販売されおり、原則禁止は2006年です。1994年以降の竣工であっても全ての建材がアスベスト非含有とは限りません。石綿障害予防規則等では、2006年8月31日以前に着工した建築物は、解体・改修の際に書面調査と現地調査による建物調査が義務付けられています。

②調査は誰が行うのか？

使用している建物のアスベスト調査は、建築基準法の定期報告以外は、義務付けがありません。誰が実施しても法的には問題ないのですが、使用している建物のアスベストの調査には、

・建築の知識（建物の構造、アスベストが使われやすい部位）
・建材の知識（使用されている建材の種類とそのリスク）
・アスベスト分析の知識（分析結果の信頼性、過去の分析結果の取り扱

い）

・アスベスト含有建材の状況（劣化状況等の判断）

・アスベストのリスクの知識（維持管理の方法）

等の独特の知識と調査の経験がなければできません。建物のアスベスト調査に特化した公的資格として2013年に作られたのが「建築物石綿含有建材調査者」です。当初は国土交通省の資格制度として、使用している建物の調査と維持管理のための資格としてスタートしましたが、2018年には、厚生労働省、環境省も加わり３つの省の共管となり、解体・改修の際の事前調査も行える資格となりました。

アスベスト調査は建築物石綿含有建材調査者に依頼するのが最も確実で安全な方法です。

〈コラム　建築物石綿含有建材調査者制度〉

建築物石綿含有建材調査者制度は、2013年に国土交通省の告示によってスタートした日本で唯一の建築物のアスベスト調査を行う公的資格制度です。もともとは建物のアスベストの維持管理を主な目的とした調査を行う者を養成する制度でしたが、石綿含有建材が使用されている建築物の解体工事の増加が見込まれることから、2018年に新たに３省共管（厚生労働省、環境省、国土交通省）の制度となり、解体等の工事の事前調査も講習に取り入れた新制度となりました。

調査者は、「特定建築物石綿含有建材調査者（座学講習11時間と筆記試験及び実地研修と口述試験を修了した者）」、「一般建築物石綿含有建材調査者（座学講習11時間と筆記試験を修了した者）」、「一戸建て等石綿含有建材調査者（座学講習７時間と筆記試験を修了した者）」の３つの資格者の制度となりました。３つの調査者の講習と調査できる建築物は第２章の図２－３（64ページ）を参照ください。2020年の石綿障害予防規則と大気汚染防止法の改正により、建築物の解体等における事前調査について、建築物石綿含有建材調査者による調査が義務付けられ、2023年から施行されます。調査者の役割は重要性を増し、責任も重くなっています。

③アスベスト含有建材があったら

調査の結果、所有又は管理している建物にアスベストがあった場合は、どのようにすればいいのでしょうか？建築物石綿含有建材調査者に調査を依頼した場合には、調査報告書に吹付けアスベスト等の施工箇所、劣化の有無、対応と管理の方法のアドバイスが記載されています。調査者は依頼者に報告書の内容を丁寧に説明することも業務の一部です。調査者に説明を求めてください。

アスベスト含有建材の種類、状況によって対策は異なります。以下に代表的な対策の例を紹介します。

・吹付けアスベストの対策

吹付けアスベストは、最も危険性が高い建材です。1975年以前に施工されているために多くの場合、劣化が進んでいます。劣化が進んでいる吹付けアスベストには、封じ込めと囲い込みの工法は施工中に落下してしまう危険があるため適用できないことが多く、除去工事を実施することが推奨されます。除去工事については、次項を参照ください。

建物利用者が滞在している場所に施工されている場合は可能な限り早期に除去することが必要です。機械室などの普段人がいない場所であれば、立ち入り禁止として、訓練を受けた人が防じんマスクを着用して入室するようにします。天井裏などにあり、露出してない場合であってもわずかな空気の流れで室内にアスベストが飛散していることがあります。早期の除去を推奨しますが、やむをえずある程度の期間、維持管理するときは、定期点検を実施します。東京都が公表する「民間建築物の石綿（アスベスト）点検・管理マニュアル」[3)]を参考にして、劣化状態の調査や飛散の有無を確認するための気中アスベスト濃度測定を専門業者に依頼することをお勧めします。露出していなくても空調経路に吹付けアスベストがある場合があります。天井裏をチャンバーとして利用して風が吹付けアスベストを通る構造又は空調機械室に吹付けアスベストが施工されていることもあります。これらの場合は、循環する空気にアスベストの粉じんが入ってしまい、アスベストを含む空気が拡散して、ばく露する危険な状態となっているおそれがあります。

・石綿含有吹付けロックウール等その他のレベル１建材の対策

石綿含有吹付けロックウール等その他のレベル１建材は劣化が進んでいる場合は、吹付けアスベストと同様の対策をお勧めします。劣化がそれほど進行していない場合は、維持管理又は封じ込め、囲い込みの措置の選択も可能です。これらの選択については、図３－４に示します。対策の選択のためには、劣化の状況以外にも建物の使用頻度や今後の物理的な損傷の機会などの複数の要素が関係するため、調査者などの専門家に相談することをお勧めします。

維持管理については、東京都の「民間建築物の石綿（アスベスト）点検・管理マニュアル」[3)]が、封じ込め、囲い込みの措置については日本建築センターの「既存建築物の吹付けアスベスト粉じん飛散防止処理技術指針・同解説　2018」[7)]が詳しく解説しています。

・レベル２建材の対策

石綿含有耐火被覆板、石綿含有けい酸カルシウム板第２種、煙突用石綿断熱材、屋根用折板石綿断熱材で劣化が進行している場合には除去が推奨されます。煙突用石綿断熱材は、付属のボイラーを稼働させると石

図３−４　吹付けアスベスト等（レベル１）の対策フローの例

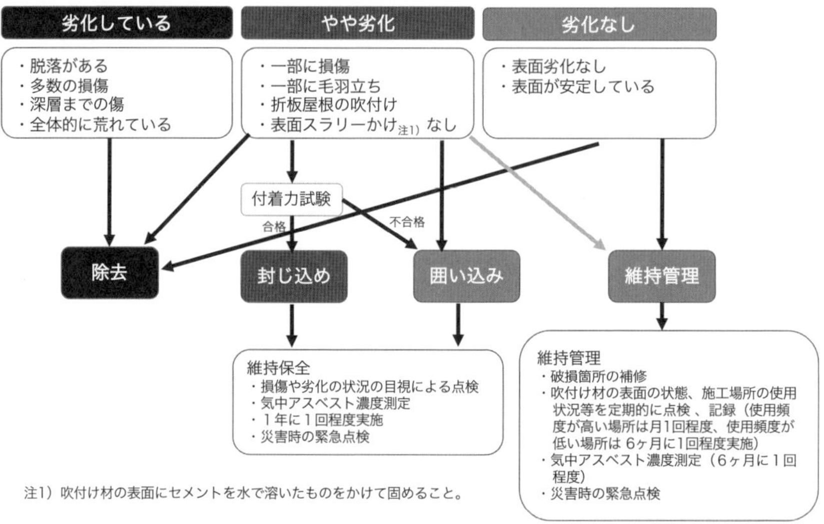

綿の粉じんが頂部から飛散するおそれがあるため、使用を中止し、除去までの期間は頂部と下部を密封し維持管理することをお勧めします。劣化が進行していなければ維持管理も可能ですが、この場合も定期点検は必要です。

石綿含有配管保温材は、通常は布やビニールのテープが巻かれています。テープでしっかり保護されていて、中が露出していなければ、飛散のおそれは小さいといえます。逆に露出していたり、保温材が床に落ちている場合は危険な状態ですから、清掃と補修が必要になります。テープでしっかり保護されているかどうかの状況の定期点検は必要です。これらは基本的に専門業者に依頼する必要があります。

・ビルメンテナンス

ビルメンテナンスは、アスベストにばく露する機会の多い職種といえます。剥がれたビニル床タイルの補修のような小規模な改修工事をすることがあります。小規模な修理であっても、アスベスト含有建材を対象とした工事には、石綿則と大防法が適用され、事前調査は必要です。調査の結果、アスベスト含有が確認された場合には、飛散防止対策だけでなく、作業主任者の選任、特別教育の実施、健康診断なども必要となります。廃棄物の処理も通常とは異なってきます。

吹付け石綿が天井裏にある天井点検口を不用意に開けると堆積している吹付けアスベストが飛散することがあります。また、吹付けアスベストが露出している機械室などが待機場所や休憩場所になっていることもあります。この意味でも、前述したように使用している建物の吹付けアスベストなどのリスクの高い建材の調査は必要性が高いといえます。待機場所のように常時使用する室内に吹付けアスベストがある場合には、石綿則第 10 条により事業者は除去等の対策をとらなければなりません。一時的に入室する場合には保護具を使用する必要があります。

ボイラー室の煙突用石綿断熱材や配管保温材などに接触する機会も多いと思います。学校の用務員さんが、ボイラーの灰出し口に堆積したア

図３−５　メンテナンスで注意すべきアスベスト含有建材の例

スベストの断熱材をそれと知らずに無防備で回収して廃棄していた例（図３－５　写真左は煙突の最下部の灰出口と呼ばれる扉で、この中にアスベスト含有断熱材が堆積していることがあります。）、吹付けアスベストの壁にはしごを立て掛けていた例（同　写真右）、配管が踏み台になっていて、保温材が露出していた例、耐火被覆板にフックを取り付けて、ホウキなどを掛けていた例など、知っていれば危険を回避し、ばく露を防ぐことができる事例が調査者の調査で見つかり、指摘されることも多くあります。

3 建物の解体・改修

アスベスト含有建材は使用されている建物の解体・改築工事の時に飛散するリスクが高くなります。建物の所有者・管理者は工事の発注者としてアスベストが飛散するリスクを抑えることが求められます。はじめに法的な要求事項を確認します。

（1）法的に求められる事項

①石綿障害予防規則

石綿障害予防規則（石綿則）では、発注者は、解体等対象建築物等における石綿等の使用状況等を通知するよう努めること（第８条第１項）、また、事前調査等及び工事の記録の作成が適切に行われるように配慮すること（同第２項）が求められています。さらに、注文者に対して、作業の方法、費用又は工期等について、法の規定の遵守を妨げるおそれのある条件を付さないように配慮すること（第９条）を求めています。解体・改修工事の際に発注者に求められる法的事項を大気汚染防止法と合

図３−６　解体・改修工事の際に発注者に求められる法的事項

工程	発注者に求められる法的事項
発注	法の規定の遵守を妨げるおそれのある条件を付さないように配慮（石綿則９条、大防法18条の16）
事前調査	石綿等の使用状況等を通知するよう努める（石綿則8条）
	事前調査が適切に行われるように配慮（石綿則8条2項） 事前調査に協力しなければならない（大防法18条の15）
	事前調査結果の報告を受ける（大防法18条の15）
	吹付け石綿等の除去の届出（大防法18条の17）
施工	記録の作成が適切に行われるように配慮（石綿則8条2項）
完了	除去の結果の報告を受ける（大防法18条の23）

わせて図３－６に示します。

②大気汚染防止法

大気汚染防止法（大防法）では、発注者は、解体等工事の元請業者が行う事前調査の費用を適正に負担し、必要な措置を講ずることにより事前調査に協力しなければならない（第 18 条の 15 第２項）とされ、これは石綿則の努力義務よりも重くなっています。発注者は、事前調査結果について元請業者から書面で説明を受けた上で、吹付け石綿等の除去の作業については、都道府県知事に作業実施を届け出なければなりません（第 18 条の 17）。作業完了後は、元請業者から作業の結果の報告を書面で受けることになります。また、元請業者に対して作業基準の遵守を妨げるおそれのある条件を付さないように配慮すること（第 18 条の 16）も求められています。このように発注者が元請業者から説明や報告を受けるのは、発注者が工事の内容や法規制をよく理解し、適切な発注を行うことによってアスベストを飛散させてしまう事故を防止するためです。発注者が第18条17の届出を怠った場合には30万円以下の罰金に科せられることがあります。

（2）実際の解体・改修工事とアスベスト除去工事

これらの工事におけるアスベスト飛散防止のために発注者が果たす役割は大きく、飛散事故が発生した場合に責任が問われる場合もあります。法的な要求事項を守るだけでなく、適切な事前調査を行い、それに基づきアスベスト対策を的確に実施することが重要で、発注者に積極的な役割が期待されます。特に建物利用者が滞在しながらの工事は注意が必要で、飛散事故が発生してしまうと損害賠償が請求されることがあります。そうしたことを防ぐために、いくつかのポイントを解説します。

①リスクが高い工事を避ける

建物利用者が滞在している状態でのアスベスト除去工事は、アスベストが漏洩した際に、即ばく露事故につながるという点でリスクが高い工事です。これまでの重大な漏洩事故のいくつかは、このパターンの工事で発生しています。

2006年6月に新潟県の公立小学校で発生したアスベストの漏洩事故は、緊急性の低いアスベスト除去工事を夏休みの直前に実施してしまい、児童をアスベストにばく露させてしまった事故です（118ページ参照）。アスベスト除去工事はアスベストのリスクを取り除くための工事ですが、これでは本末転倒になってしまいます。学校の管理責任者にはアスベストばく露の健康リスク、特に低年齢ばく露のリスク、アスベスト除去工事に伴う飛散のリスク、事故が度々発生していることなど理解した上で、実施の要否や時期を判断することが求められます。

建物利用者が滞在している状態でのアスベスト除去工事は、できるだけ避けるのが原則で、学校などでは長期の休みの間に実施したり、オフィスでは連休を利用して実施するのが安全です。どうしても行わなければならない場合には、周知と情報開示が重要です。

アスベスト除去工事だけでなく、改修工事でもアスベスト対策は必須です。建物の所有者・管理者の皆さんが建物に残されているアスベスト含有建材を調査により把握し、いつ、どのような工事を行うのかを現状のリスクと工事のリスクを踏まえて、利用者と情報共有しながら決定することが理想といえます。

②発注者による調査

解体・改修工事では、発注者が一括して元請業者に発注することがあるかもしれませんが、アスベスト含有建材の種類と量が把握されていなければ受注金額は決められません。2020 年の法改正では、解体・改修時のアスベスト対策が厳格化されており、費用も高額になる場合があります。解体費用の中でアスベスト対策の占める割合が大きくなっています。環境省と厚労省のマニュアル[8)]では、工事の発注前の発注者による調査を推奨しています。

アスベスト調査を行わずに発注され、解体中に吹付けアスベストが発見されると、「なかったこと」にされて違法な工事となってしまう場合があります。また解体中にアスベスト含有建材が発見され、追加の工費と工期の延長が発生してトラブルになることもあります。そうしたことを防ぐためには、予め発注者が工事の発注前に調査を行う必要があります。

解体・改修前の事前調査では対象となる建物や区画の全てのアスベスト含有建材を調査しなければなりません。信頼できる建築物石綿含有建材調査者に発注者から直接調査を依頼し、調査結果報告書をもとに、元請業者は見積りを行います。報告書には、石綿含有建材の種類とその範囲、調査できなかった部分に想定される石綿含有建材の種類とその範囲などが示されるため、元請業者はそれらを漏れなく正確に網羅することが求められます。発注者は提出見積りに計上された項目や数量をチェックすることで、解体業者の力量の評価や、見積落ちを防ぐことができます。元請業者による事前調査は、発注者による調査結果を確認することにより行われます（石綿則第３条第３項１号）。

大規模な工事は、設計会社が入り、設計会社が調査者に調査を依頼して事前調査を実施し、工事の設計を行い、設計に基づいて発注されます。その場合でも工事の元請会社による事前調査は、上記の方法で実施します。

この方法の利点は、①第三者による客観的なアスベスト調査ができる点、②２度の調査により調査の精度の向上が期待できる点です。発注者による調査の方が、事業予算や全体工期が固定できる発注者側のメリットや、優良な業者を保護できるなどのメリットもあり、今後は一般的になることが期待されます。

③受注者が事前調査を実施する場合

実際には、前項の発注者による建物調査を行わずに、事前調査を含めて工事業者と契約するケースが多いと思います。その場合には、受注者による事前調査を経なければ、アスベスト除去に関連する費用や工程はわかりません。一般的には、アスベスト関連工事を除いた仮工事請負契約を結び、元請業者が実施する事前調査の後にアスベスト関連工事の詳細を決め、それに基づいて本契約を結ぶことになります。図３－７に工事の契約から届け出までの流れの例を示します。

④工事の進行にともない発見されたアスベスト含有建材

図３－７の下の薄字の部分も重要です。石綿則第３条第７項には、着工前の事前調査では、構造上目視で確認することが困難な材料については、工事の進行にともない、調査が可能となった段階で調査することが

図３−７　工事の契約から届け出までの流れの例

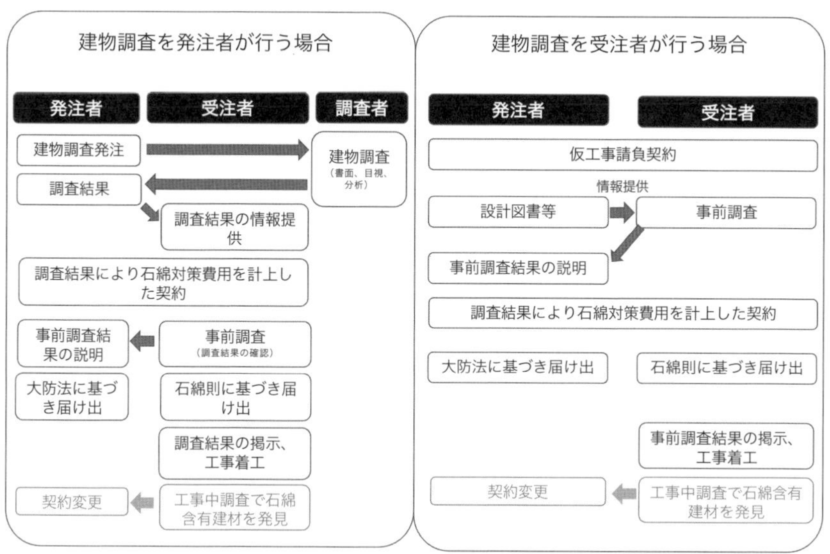

規定されています。実際に工事中にアスベスト含有建材が発見されることはよくあります。調査できるにも関わらず、しなかったり、見落としたりした場合には、調査者の責任となりますが、構造上目視で確認することが困難、つまり解体工事前にはアクセスできない場所については、調査者は「調査できなかった箇所」として指摘しておき、工事が進行して、目視や試料の採取ができるようになったら調査することを報告書に記載することになります。そのような場合には、後からアスベスト含有建材が追加されることがあり、それに基づき契約変更されることになります。

受注者としては、契約段階でそのようなことがあり得ることを仕様に示し、事前調査の説明の段階でもよく説明する必要があります。発注者としては、その点をよく理解することが重要です。

図３−８の上の写真は、機械室で、すでにアスベストは除去されてい

図３−８　工事の進行にともない確認されたアスベスト含有建材

出典：日本環境衛生センター「建築物石綿含有建材調査者講習テキスト第２版」

ますが、配電盤の裏には残されている可能性があります。調査時にはアクセスできない場合は報告書に残存している可能性があることを記載する必要があります。下の写真は、鉄骨の梁と壁の間に吹付けアスベストがありました。この部分は壁を撤去しなければアクセスできないため、その旨事前調査の報告書には記載する必要があります。

⑤レベル１、２の除去工事

レベル１の除去工事及びレベル２の除去工事で切断等を伴う工事は、隔離内で行います。これはアスベスト除去工事の中でも、最もリスクが高く、費用と工期を必要とする作業で、通常は、専門業者が行います。

隔離（養生）は、床は２重、壁は１重のプラスチックシートで密閉する必要があり、適切に効果的に、かつ効率的な隔離を作るためには熟練が必要です。「密閉」が重要で、除去するアスベスト以外の部分を空気を通さないようにする必要があります。隔離内で集じん・排気装置を作動させることにより、内部の負圧を保って除去作業を行います。集じん・排気装置は、HEPA フィルター[注1)]を含む３重のフィルターでアスベストを取り除きながら空気を作業場外部に排気する装置で、１時間に４回作業場内の空気を入れ替える能力が必要です。隔離と負圧によって、内部のアスベストに汚染された空気を洗浄しつつ、外部に漏らさないようにして除去を行います。

作業者や工具、除去されたアスベストが隔離を出入りしますが、それはセキュリティゾーンを通過します。セキュリティゾーンは一般に更衣室、洗浄室、前室の３部から成り、隔離から出る際に内部のアスベストを持ち出さないように工夫されています。作業者は、更衣室で、タイベックスなど使い捨ての保護衣を着用し、呼吸用保護具などを装着して、中に入ります。外部に出る際には、保護衣を前室で脱ぎ、洗浄室で体についたアスベストを落としてから退出します。図３－９の写真１は、隔離の意味を理解していない業者によるものです。テープで継ぎ目を密閉する必要があります。また、白いシートは繊維を編んで作られており、密閉はできません。完全にNGです。写真２は、意味は理解しており、NGではありませんが、不器用で無駄な材料を使っています。写真３は、隔離はしっかりしていますが、集じん・排気装置のダクトが長いために換気の効率が良くありません。また、集じん・排気装置の移動は漏洩の原因となることがあります。写真４は、この中では最良で、集じん・排気装置が壁に固定されており、作業場内のダクトもなく、効率

図3−9　隔離と集じん・排気装置

が良いです。

レベル1、2の除去工事は、このような特殊な設備を設置し、保護具、保護衣を消費し、さらには廃棄のための費用もかかることから、次項（111ページ）に示すようにそれなりの費用と工期が必要となります。

注1）　HEPAフィルター：High Efficiency Particulate Air Filterの略で、格風量で粒径が0.3μmの粒子に対して99.97％以上の粒子捕集率を有しており、かつ初期圧力損失が245Pa以下の性能を持つエアフィルター【JIS Z 8122】のこと。

⑥木造戸建て住宅での注意点

・事前調査

木造戸建て住宅であっても、事前調査は必須です。正確な事前調査によって、適正なアスベスト対策工事が可能となります。発注者は事前調査の費用を負担する必要があります。

・「みなし」と分析調査

住宅でよく使われる住宅屋根用化粧スレート、水まわり、火のまわりのけい酸カルシウム板第１種やロックウール吸音天井板、スレート板、外壁のサイディング材は含有している可能性が高いので、アスベスト含有と「みなし」て、分析調査を省略することができます。せっこうボードは裏面に表示してあるメーカー名、不燃や準不燃の登録番号などを元にメーカーや業界団体に照会することによって含有の有無を判断できる場合があります。床材と床材の接着剤は、含有していないことが多いので分析するか、施工量によっては「みなし」とします。施工年、建材の種類、施工量、廃棄費用などによって、分析を実施するか、分析せずに「みなし」とするか判断します。「みなし」については、26ページのコラムも参照下さい。

・けい酸カルシウム板第１種

けい酸カルシウム板第１種を切断、破砕等によって除去する場合は、隔離内で、常時湿潤化しながらの除去が必要になり、工費と工期に影響します。例えばけい酸カルシウム板第１種が軒天井にある場合は、足場を設置して、外周に沿ってシートで隔離空間を作らなければならず、工費と工期に大きく影響することがあります。

・レベル１及びレベル２

吹付けアスベストや保温材がある可能性は、ほとんどありませんが、天井裏は確認します。また吹付けバーミキュライトや吹付けパーライトが成形板に施工されていることがまれにあります。レベル１及びレベル２の調査漏れは、大きな計画変更を必要とするため、トラブルの原因となります。実際には「ほとんどない」のですが、注意が必要な点です。

・発注者への事前調査結果等の説明

工事の元請業者は、事前調査の結果及び作業の方法を発注者に書面で説明します。項目も法規（大防法第 18 条の 15）で決められています。発注者は、アスベスト含有建材の施工箇所と量を理解し、規制を守れる適正な契約を結ぶ必要があります（大防法第 18 条の 16）。

⑦建物利用者への周知と情報開示

アスベスト除去工事だけでなく建物の解体・改修工事では、法規により工事を知らせる看板を掲示しなければなりません。掲示を見て不安になる人、問い合わせてくる人もいます。掲示の意味は、「ここではリスクが高いことが行われていますよ。注意してください。」ということです。現にアスベスト除去工事現場からのアスベストの飛散は再三報道されています。掲示を見て、「どのような危険があるのか？」「対策は適切なのか？」「緊急時にはどうしたらいいのか？」等について具体的に知りたいと思うのは当然です。例えば問い合わせに「いや、いや、ちゃんとやりますから、大丈夫ですよ。」のような答え方では安心できるはずがありません。

少なくとも、「どのような危険があるのか？」：アスベスト含有建材の種類と施工箇所、量。「対策は適切なのか？」：除去の工法、管理と点検の方法。「緊急時にはどうしたらいいのか？」：漏洩の確認の方法、漏洩時の対応については説明できることが求められます。

環境省では 2017 年に「建築物等の解体等工事における石綿飛散防止対策に係るリスクコミュニケーションガイドライン」を公表しています。リスクコミュニケーションとは、建物利用者や工事の周辺住民と工事の情報を共有し、相互理解と協力のもとでアスベストの飛散を防止して安全に工事を行うことを目的としています。アスベスト含有建材は広く普及しており、無関係な人はいません。誰もが加害者にも被害者にもなりえます。訴訟の例を見ても、「法規を守っていれば良い」ということではなく、現時点で行い得る合理的な対策を実施することが求められます。関係者間での情報を共有し、理解と合意の上で対策を進めることが最も確実な方法です。そのためにリスクコミュニケーションの手法が重要と考えられており、環境省はガイドラインを作成しました。

ガイドラインでは、主に掲示、チラシ、説明会等の関係者への周知の方法、漏洩や事故時の対応について解説しています。また参考資料として事例を紹介しています。

建築物石綿含有建材調査者講習でもリスクコミュニケーションが取り上げられており、調査者がリスクコミュニケーションの調整役となることが期待されています。

⑧第三者による検査

アスベスト関係する工事、特に吹付けアスベストの除去工事のように厳格さが要求される工事では、事前調査の精度、機器の点検、漏洩の監視、取り残しの有無等の検査が必須です。これらは法規でも求められていますが、現状では「第三者」が実施する義務はありません。例えば、漏洩があった場合に、事業者自身が監視していたのでは、隠蔽やごまかしが起きやすいことは容易に想像できます。また、吹付けアスベストが取り残されている場合に、元請会社に所属する石綿作業主任者がその検査をしているのでは、多少の取り残しには「目をつむる」ことが起きても不思議ではありません。その後、解体される建物では、「証拠は残らない」のです。

このように第三者による検査の必要性が高いために、公共工事や大規模な工事では、自主的に第三者性を確保することが広まってきました。このような検査や監視の業務では、「請負業者 vs. 監視者」のような対決の構造に陥ってしまい、作業が滞るおそれがあります。それを回避するための条件が２つあります。１つ目は、第三者による検査と監視の業務内容を明確にして、予め仕様書に入れて発注することです。受注後に監視付きであることを知らされては、工期が延びるおそれがあり、業者もたまったものではありません。２つ目は、検査者・監視者のスタンスです。検査者・監視者はミスや漏れ、場合によっては手抜きを見抜くだけではなく、解決策と模範例を示す必要があります。業者にとってアドバイザー又は協力者として信頼を得ることが重要です。検査者・監視者は業者よりも経験豊富で「二枚上手」が理想的です。

4 アスベスト対策の費用

（1）使用している建物の管理、売買等のための調査[注1)]

使用している建物の管理や売買等のための調査では、基本的にレベル１と２を対象として、破壊をともなう調査や採取は実施しません。調査社協会の会員企業を対象としたアンケート調査結果を表３－１に示します。費用のかなりの部分を分析費用が占めます。そのため、レベル１のみを分析対象とするのか、レベル２も含むのか等の分析の方針によって費用にかなりの差がでます。レベル３を含めた調査を行う場合は、次の（２）解体・改修のための調査に近くなります。

表３−１　使用している建物の管理、売買等のための非破壊調査の費用

構造・規模	最低金額	最高金額	分析点数
S 造３階建てアパート　床面積　150 m^2	100,000	450,000	3～7
S 造５階建てオフィスビル　床面積 1,000 m^2	260,000	1,300,000	8～24
RC 造 10 階建てマンション　床面積 3,000 m^2	300,000	1,500,000	10～27
RC 造５階建て病院　床面積 5,000 m^2	330,000	2,000,000	16～40
RC 造一部 S 骨造 20 階建て複合商業施設　床面積 10,000 m^2	650,000	3,000,000	20～55

（2）解体・改修のための事前調査[注1)]

解体・改修のための事前調査では、全てのアスベスト含有建材について調査します。通常ではアクセスできない部位であっても可能な限り破壊や切断を行いながら調査、採取します。前項の管理や売買のための調査と同様に、費用は分析する建材の数に依存します。解体・改修のための事前調査では、石綿含有建材とみなす建材の数によって調査費用が変わります。解体・改修のための事前調査の費用を表３－２にまとめました。

表３−２　解体・改修のための事前調査の費用

構造・規模	最低金額	最高金額	分析点数
W 造一戸建て住宅　床面積 80 m^2　分析調査なし	60,000	170,000	0
W 造一戸建て住宅　床面積 150 m^2	100,000	780,000	3～25
S 造３階建てアパート　床面積 150 m^2	450,000	850,000	10～28
S 造５階建てオフィスビル　床面積 1,000 m^2	600,000	2,000,000	16～40
RC 造 10 階建てマンション　床面積 3,000 m^2	950,000	1,800,000	23～55
RC 造５階建て病院　床面積 5,000 m^2	1,000,000	2,500,000	23～70
RC 造一部 S 骨造 20 階建て複合商業施設　床面積 10,000 m^2	1,800,000	4,940,000	64～120

（3）吹付けアスベスト除去費用[注2)]

300㎡以下　２～8.5 万円 /㎡

300～1,000㎡　1.5～4.5 万円 /㎡

1,000㎡以上　1.0～3.0 万円 /㎡

備考）・アスベストの処理費用は状況により大幅な違いがある。（部屋の形状、天井高さ、固定機器の有無など、施工条件により、工事着工前準備作業・仮設などの程度が大きく異なり、処理費に大きな幅が発生する。）・特にアスベスト処理面積 300㎡以下の場合は、処理面積が小さいだけに費用の目安の幅が非常に大きくなっている。・上記処理費用の目安については、施工実績データから処理件数上下 15% をカットしたものであり、施工条件によっては、この値の幅を大幅に上回ったり、下回ったりする場合もありうる。

注１）一般社団法人建築物石綿含有建材調査者協会の 2021 年の調査（賛助会員４社の実績を元にした集計）

注２）備考を含み（社）建築業協会の 2007 年の調査

参考文献

１）国土交通省. 宅地建物取引業法の解釈・運用の考え方
https://www.mlit.go.jp/totikensangyo/const/１_６_bt_000268.html（2021.6.17 閲覧）

２）国土交通省. 日本住宅性能表示基準
https://www.mlit.go.jp/notice/noticedata/sgml/2001/26aa2671/26aa2671.html（2021.6.17 閲覧）

３）東京都.「民間建築物の石綿（アスベスト）点検・管理マニュアル」
https://www.kankyo.metro.tokyo.lg.jp/air/air_pollution/emission_control/asbestos/manuals/kentikumanual.html

４）厚生労働省.「令和元年度石綿ばく露作業による労災認定等事業場」を公表します
https://www.mhlw.go.jp/stf/newpage_15404.html（2021.6.17 閲覧）

５）一般財団法人日本建築設備・昇降機センター 「定期報告制度の調査・検査項目の見直しの検討」
https://www.mlit.go.jp/common/001183684.pdf（2021.6.17 閲覧）

６）外山尚紀 . 石綿と震災. 井内康輝編著「石綿関連疾患の病理とそのリスクコミュニケーション」.p.211. 篠原出版新社. 2015

７）一般財団法人日本建築センター.「既存建築物の吹付けアスベスト粉じん飛散防止処理技術指針・同解説　2018」.2018

８）厚生労働省, 環境省 . 建築物等の解体等に係る石綿ばく露防止及び石綿飛散漏えい防止対策徹底マニュアル. 2021

第4章

事例から学ぶアスベスト対策

（1）吹付けアスベストが原因の中皮腫で賠償 6,000 万円[1) 2)]

A さんは、1970 年から 2002 年まで、駅高架下の建物を店舗兼倉庫として使用する文具店の店長として働いていましたが、2001 年にアスベストが原因とみられる胸膜中皮腫を発症します。文具店は高架下の２階建てで、１階を店舗、２階を倉庫として使っていました。２階の倉庫の壁面には、当初から吹付けアスベスト（クロシドライト）が施工してありました（図４－１）。胸膜中皮腫の原因はこの吹付けアスベストだと考えた A さんは、アスベストに関係する NGO に相談しました。NGO は専門家を派遣し、独自に A さんのアスベストばく露歴や倉庫内のアスベスト飛散状況の調査を行い、その結果、A さんの中皮腫の原因は高架下建物の吹付けアスベストに間違いないことを確認しました。残念ながら A さんは、その過程で闘病の末 2004 年に亡くなりました。

残された遺族は、2006 年、建物の所有者兼賃貸人の鉄道関連会社等を相手に民事損害賠償の裁判を提起しました。遺族側は一審と二審で勝訴しましたが、最高裁は、本件建物の壁面にクロシドライトを含有する

図４－１　鉄道の高架下の文具店倉庫の吹付けアスベスト

吹付け材が露出していたことは建物の設置又は保存の瑕疵に当たるとの判断を前提に、通常有すべき安全性を欠くと評価されるようになった時点について原審の判断に審理不尽の違法があるとして差し戻しました。最終的には差戻審で、建物賃貸人について占有者の工作物責任が認定され、遺族の勝訴が確定しました。

この裁判では、通常使用している建物で発生したアスベストによる健康障害について、建物所有者及び占有者の責任が問われました。民法第717条の「土地工作物責任」は、建物のような工作物の瑕疵によって他人に損害を与えた場合、工作物の占有者や所有者が負う賠償責任のことです。建物の瑕疵によって損害が生じた場合、第一次的に建物占有者が損害賠償責任を負い、占有者が損害の発生を防止するのに必要な注意をしたと立証した場合は免責され、第二次的に所有者が無過失責任を負うとされています。差戻後の控訴審判決では、①遅くとも1988年2月頃の時点で、吹付けアスベストが露出していた建物は、通常有すべき安全性を欠くと評価されること、②建物賃貸人は、賃貸借契約において、管理上必要があるときに同建物に立ち入り、必要な措置を執る権限を認められる一方、建物の維持管理に必要な修繕義務を負っていたこと等から、賃借人の従業員に対する関係において、民法第717条第1項に基づく責任を負うべき同建物の「占有者」に当たる、として、建物所有者兼賃貸人の鉄道関連会社の責任を認め、約6,000万円の損害賠償を命じました。

この裁判では、「人が利用する建物については、その性質上、これを利用する者にとって絶対安全でなければならず、人の生命・身体に害を及ぼさないことが当然前提となっている」として、安全を欠いているときの瑕疵責任を建物の所有者・占有者が負うことがありえることを示しています。

1987年は、「学校パニック」が起きており、建物の吹付けアスベストが大きな社会問題となった年です。多くの建物を所有し、管理している企業としては、この時点で所有する建物の危険性を把握し、アスベスト除去等の対策を行うべきだったと考えられます。

この裁判は、吹付けアスベストが露出した建物について、民法上の土地工作物責任を認めた日本で初めての例として注目され、国土交通省のパンフレット[3)]や建築物石綿含有建材調査者講習のテキスト[4)]でも記載されています。

（2）公立保育園でアスベスト飛散事故[5)]

1999年7月、東京都文京区のさしがや保育園で、園舎の改修工事を実施し、その工事の過程で、園舎の天井裏等に存在した吹付けアスベストを飛散させ、隣接する保育室の園児等がアスベストにばく露するという事故が発生しました。鉄骨に耐火被覆として施工されていた吹付けクロシドライトを改修工事の際に、一部を剥がしながら8日間にわたって工事を行い、園児108人をはじめとする関係者がばく露するという深刻な事故でした。図4－2は、飛散事故直後の写真で、写真左は吹付けアスベストが剥がされている状況が確認できます。

工事前の説明では、自治体は「吹付けアスベストはない」としていましたが、保護者の指摘によって「あるけれども、触らない」と説明を変え、保護者の不安を残したまま工事に入り、結果的にアスベストを飛散させてしまったという経過があり、保護者と自治体、業者間の信頼が完全に失われてしまいました。大きく報道もされ、損害賠償請求裁判にまで至り、区は補償や追加の工事により約1億円の経費が発生したとされています。

区では「文京区立さしがや保育園アスベストばく露による健康対策等

図４−２　公立保育園でのアスベスト飛散事故直後の写真

検討委員会」を設置し、委員会ではこのような事態に至った原因を明らかにするとともに、今後の対応について検討を行い、2007年12月に区長に答申しました。その答申を踏まえ、「文京区立さしがや保育園アスベスト健康対策等専門委員会」を設置し、対象者である園児と職員149人に対する具体的な健康対策について検討を行った結果、「文京区立さしがや保育園アスベスト健康対策実施要綱」を制定しました。

検討委員会の調査の結果、アスベストによる過剰発がんリスクを10万分の６程度と推定しています。これは、10万人が同じばく露を受けた場合に６人が肺がんまたは中皮腫を発症することを意味します。一般に10万分の１を超えるリスクは許容できないとされています[6)]。10万分の６の発症リスクであれば、園児が実際に肺がんなどを発症する可能性は低いですが、仮に発症した場合には発注者である自治体が補償しなければならないことになります。区では現在でも、対象者の健康診断と健康相談を行っています。また事故後の区の行ったリスクコミュニケーションは評価が高く、行政と当事者の信頼の回復のために有効であったと評価されており、次の新潟県の事例でも参考にされました。

この事例の原因は、発注した自治体も受注した業者もアスベストに関わる工事であるという認識がなかったために、事前調査を怠ったということです。当初「アスベストはない」と説明し、その後「あるけれども、触らない」と説明を変えた時点で、どのような工事なのかを確認していれば事故は防止できたと考えられます。残念ながら、この事故の20年後に長野県の民間の保育園でも同様の事故が発生しています。改修工事での事前調査は必須であること、使用している建物でのアスベスト除去工事はリスクが高いことなどの基本的な認識を広める必要があります。

(3) 公立小学校でアスベスト飛散事故[7)]

2006年、佐渡市ではアスベストが使用されている公共施設の除去工事を行っていました。そのなかで、同年6月30日、市立両津小学校1階の第2階段付近の工事現場からアスベストを含む粉じんが飛散し、児童・教職員がばく露するという事故が発生しました。

教育委員会ではこの事態を重く受け止め、ばく露を受けた児童・教職員に対する具体的な健康対策を検討するため、2007年5月、「佐渡市立両津小学校アスベスト健康対策等専門委員会」を組織し、事故に至る過程とばく露量を客観的に把握・推測し、予想し得る健康被害への影響と事故の再発防止について検証をするために、専門部会を立上げました。専門部会による検討結果は「佐渡市立両津小学校アスベスト健康対策等専門委員会報告書」としてまとめられ、2008年10月18日に教育委員会へ提出されました。

報告書では、いくつかの問題が指摘されています。第1に、両津小学校の校舎は、1968年竣工の鉄筋コンクリート造3階建てで、当時階段の裏には、石綿含有吹付けバーミキュライトが施工されていましたが、

1992年の改修工事では、それが剥がされて、上からアクリルリシンという仕上塗材が施工されていました。現在では、この改修工事はレベル１のアスベスト除去工事となりますが、当時はその認識がなく、通常の工事として行われていました。そのためこの工事によるアスベストの飛散があったと考えられます。また、レベル１の吹付けバーミキュライトが残っているとはいえ、上にアクリルリシンが施工されて覆われている状態で飛散のおそれがあるとは思えません。除去工事の必要があったのかどうかにも疑問がもたれます。第２に、2006年の状況として、「クボタショック」の影響により学校のアスベスト除去工事に対して国庫補助事業の対象となっていた点が挙げられています。つまり、同時期に全国的に大量のアスベスト除去の公共工事が発注されたことにより、新規参入業者が多く、経験が少なく、技能が不十分だったり、アスベストの危険性を十分に理解していない業者により除去が行われることが多く、それが事故の要因であったことが指摘されています。報告書では、この事故のアスベストばく露による発がんリスクは最大でも100万分の４程度で、基本的に許容できる範囲のリスクとしていますが、健康対策を提言しています。佐渡市では、この報告書に基づいて、具体的な健康対策を進めています。

この事故は、アスベスト除去工事のリスクを理解し、それを最小にすることの重要性を示しています。まず、リスクに見合うベネフィット（便益）があったのかどうかが疑問です。十分な技量のある業者に発注することも重要です。また、工事を数週間後の夏休みに実施していれば、少なくとも児童のばく露は防げたことも反省点としてあげることができます。

（4）アスベスト廃棄物を放置したまま土地を売却して賠償[8)]

2007年、運輸会社が、物流センターの用地として東京都内の工場跡地の土地及び建物をポンプなどの製造メーカーから購入しました。しかし、その土地の表面及び地中には、広範囲にアスベスト含有のスレート板の破片が混ざっていました。そのため、買主の運輸会社は、周辺住民と行政との協議を行った上で、検討を重ねた結果、アスベスト含有スレート片を全て撤去しました。そして、買主の運輸会社は売主のメーカーに対し、売買契約に基づく瑕疵除去義務の不履行又は瑕疵担保責任に基づく損害倍書請求として、石綿含有スレート片の撤去及び処分費用、建設工事が遅れたことに伴う追加費用等の支払いを求めて訴訟を提起しました。

アスベストには土壌汚染の基準がないことから除去の必要性を実証するのは難しいとされています。過去の同様の裁判では、買い主が敗訴しています。このケースでは、①汚染の実態が明らかであること、②土壌と分別せずに全面撤去する必要があること、③所管する行政機関から指導があった事実を実証したことから、一審、二審では撤去費用等の一部の支払いを認める判決が出され、2019年、最高裁は売主の上告棄却及び当事者双方の上告受理の申立てを受理しない旨を決定した結果、賠償責任を認めた控訴審判決が確定しました。土壌等に石綿スレート片が混入していることが売買契約上の「瑕疵」に該当することが初めて認められたケースです。

アスベスト含有スレート板は、最も大量に製造された建材です。特に工場や倉庫に多く使用されてきました。工場の跡地の地中にスレートの破片が混入することの原因は推察するしかありませんが、解体された工場の建材を放置したか、廃棄物として処理せずに地中に埋めたことが考えられます。土地の売買では、土壌汚染調査が義務付けられていることがありますが、アスベストは対象外です。自主的な調査でも調査項目には入らないことが多いのが現状です。土地取引の際には、土地の履歴を調べ、必要に応じてアスベストの調査を実施することが推奨されます。

（5）デューディリジェンスの事例

①アスベスト含有吹付け耐火被覆があり不動産取引不成立

高層オフィスビルの売買の事例です。建物は満室で稼働しており、テナントの退去の予定はなく、24時間稼働しているテナントもあります。買主は、投資会社からの融資を得るためにデューディリジェンスを専門業者に依頼して建物のアスベスト含有建材の調査を実施しました。その結果建物全体の梁・柱にアスベスト含有の吹付け耐火被覆が施工されており、吹付け材への封じ込め工事等の対策は未実施で、劣化が進行していることが判明しました。貸室内の天井裏には吹付け材の破片が多く堆積しています。貸室内はシステム天井で、天井には隙間が多くあり、貸室から天井裏の吹付け材が部分的に目視確認できる状況でした。

調査結果報告書では、これらの状況から、アスベスト飛散のおそれがある状況であり、天井裏の清掃、目張り等の応急処置等を含めた飛散防止対策の必要性が高いこと、対策実施後には定期の劣化状況の確認と飛散状況を確認するための気中アスベスト濃度測定の実施が望ましいことが指摘されていました。

一方、売主は、天井板が設置されているため、対策工事や定期自主点検の必要性はないと判断しており、入居中のテナントに対して、重要事項説明書にて貸室内天井裏にアスベスト含有の吹付け材が使用されているが、天井板が設置されているため、ばく露リスクはないと説明していました。

投資会社は、満室稼働の状況で、対策工事が困難である点、また、重要事項説明書上、ばく露リスクはないと説明している現在のテナントへの交渉が難航することが予想されると判断し、買主への融資をせず、不動産取引は不成立となりました。

②高額な値引きが発生したケース

賃貸の集合住宅の売買において、実施されたデューディリジェンスの事例です。満室で稼働しており、住民の退去予定はありません。売主は梁・柱等といった建物躯体に吹付け材が使用されていないことから、物件にはアスベストを含有する可能性のある建材は使用されていないと判断しています。しかし、調査では、建物外壁、共用廊下の壁等に複数種類の建築用仕上塗材が使用されており、共用部にはけい酸カルシウム板第１種をはじめとした成形板等が使用されています。

買主としては物件取得後の転売は予定しておらず、建物解体が必要となる時期までの運用を予定しています。そのため、買主側はデューディリジェンスとしてのアスベスト調査の結果をもとに、最大で発生し得る除去工事費用の全額（約１億円）を計上し、それをもとに値引き交渉をし、売却金額を約１億円減額した上で、売買は成立しました。

③アスベスト対策が条件とされたケース

一部に空き室がある状況の商業店舗兼オフィスビルでのデューディリジェンスの事例です。建物の外壁パネル裏面、層間（各階の間の隙間）の塞ぎ材、梁・柱にアスベスト含有の吹付け材が使用されています。吹付け材は著しく劣化しており、天井裏に吹付け材の破片が大量に堆積しています。建物外周部にはエアコン設備が設置されており、建物外壁パネル裏打ち等に触れた空気が貸室内に供給されています。

定期的に貸室内にて空気環境測定を実施しており、これまで異常値は確認されたことはありません。テナントにも重要事項説明書にて、アスベスト含有の吹付け材の使用状況及び空気環境測定を定期的に実施し、これまで異常値が確認されたことはないことを説明しています。

投資会社の判断としては、テナントが吹付け材の使用状況を認識しており、定期自主点検でも異常値は確認されておらず、次の条件で不動産購入会社へ資金を貸し出すこととなりました。①再飛散しやすい堆積物について売主側の費用負担で清掃すること、②アスベスト含有の吹付け材を対象とした管理計画を策定し、それに基づく定期自主点検を実施していくこと。

（6）旧築地市場の解体工事[9）10）]

築地市場は、2018年10月に豊洲に移転しましたが、大量のアスベスト含有建材を含む多数の広大な建物の解体工事が始まりました。155棟の解体予定の建物のうちアスベスト除去工事を要すると予想される建物は87棟で、レベル１、２の除去が必要な建物は35棟ありました。工事を発注した東京都は、アスベスト飛散防止のために、NGO「中皮腫・じん肺・アスベストセンター」に相談しました。その結果、工事の検査として行政職員による養生検査[注１）]と完了検査[注２）]に立ち会い、またそれを踏まえたアドバイスを行うことになりました。

工事は、2018年12月に始まり、最後のアスベスト除去工事が2020年３月に終了するまでの16ヶ月の間に養生検査、完了検査合わせて約400回に立ち会いました。また周辺での大気中のアスベスト濃度測定も実施され、その情報も逐次共有され、異常があった場合には対策がとられ、公表されました。

養生検査では、英国で普及している発煙装置を導入しました。これは、大量の無害の煙を発生させる装置で、まず、集じん・排気装置を停止し、隔離内を煙で満たします（図４－３　写真１）。すると、隔離が破損していたり、接着部分が不十分であると、その養生の外側の周辺か

図４－３　築地旧市場解体工事でのアスベスト除去の様子

ら煙が漏れ、破損部を容易に確認できます。隔離の確認後に集じん・排気装置を作動させると、15分程度で作業場内の煙が見た目で排出されていれば、基準である１時間に４回の換気が確保されていることがわかります。また、作業場内に空気が流れにくい淀みがあると煙が滞留することでわかり、ダクトで流れを修正することができます。

完了検査では、除去の取り残し、鉄骨等の磨き残し、落下した吹付け材等が指摘され、その都度、除去と清掃が行われました。実際に養生内で作業を行うと全面マスクは汚れ、見づらくなり、普通に見れば当たり前に気づくものも見逃してしまうこと、大量のアスベストの除去を行うと、どうしても見落としや、誤解が発生することがあり、第三者による完了検査の重要性が確認されました。

アスベストの飛散がみられた事例としては、2019年２月に除去作業中の現場周辺で1.0本/Lから32本/Lの濃度が確認され、緊急に工事を停止することがありました。NGOと調査者が現場を確認したところ、作業前の現場周辺の清掃が不十分で吹付けアスベストが落下しており、それが排気装置の風で飛散したことが原因と判断されたため、その後清掃を実施し、飛散がないことを確認して作業を再開しました。この事故を契機として、現場作業者を含めた関係者を集めて情報共有と勉強会が開催され、安全への意識が高まりました。

築地市場の最大の建物は、L字型の大屋根の水産物部仲売場棟です。この棟の屋根はアスベストを含有している波板スレートが施工されています。この解体工事は、高所作業車を使用し、散水により湿潤化しながらボルトを解除して撤去する方法によって行われました。劣化した波板スレートは破損するおそれがあり、湿潤化も実施した良好事例といえます。図４－３の写真２は高所作業車による撤去作業、写真３は撤去された波板スレートを梱包して保管している様子です。

旧築地市場の解体工事では、自治体が公共工事での解体工事において、積極的にアスベスト対策を行い、NGOに依頼し第三者として検査を行うことによってアスベストの飛散を予防した良好事例といえます。

注１）養生検査：作業場の隔離が完成し、除去が始まる前に行う検査。隔離（養生）や集じん・排気装置が適切に設置されているかなどを検査します。

注２）完了検査：除去が適切に行われたかどうかを確認するための検査。2020年の法改正では完了確認として義務化されました。

（７）大規模再開発での解体工事で第三者による検査と測定

東京都内の350戸、50万平方メートルの団地の建て替えにともなう再開発が計画されましたが、開発事業者と団地の住民および近隣住民との間で、合意が成立せずに、長期間凍結状態でした。2013年に最終合意が得られ、解体工事が始まりますが、アスベスト対策が最後の課題として浮上しました。

住民団体は、アスベスト問題に関わるNGOに相談しました。NGOは、住民と解体工事業者を対象に解体工事でのアスベスト対策についてレクチャーを行い、上乗せの対策を提案し、双方の合意を得ました。上乗せの対策として、①事前調査結果の再確認を行うこと、②アスベスト含有建材の除去工事が適切に行われていることを確認すること、③除去工事中に周辺のアスベスト濃度測定を実施することについて合意され、これらを工事業者から委託を受けたNGOが実施し、結果を住民に公開することになりました。③のアスベスト濃度測定は、東京都条例によりレベル1および2の除去作業時には義務付けがありますが、今回の工事は大部分がレベル3の除去工事のため、義務付けはありません。

2013年4月から11月に工事が行われている区域の周辺での大気中のアスベスト濃度測定と次回に解体される建物のアスベスト調査を繰り返し、住民に結果を開示しました。大気濃度測定では1本/Lを超える濃度は確認されませんでした。また、事前調査結果の確認では、屋根材や軒天材など5つの部位について調査から漏れていたアスベスト含有建材を発見しました。アスベスト含有建材は、湿潤化され、破砕を極力行わずに除去され、全ての解体工事が適切に完了しました。民間の工事でこのような第三者による点検と測定が実施されるケースはまれですが、今後は広めていきたい良好事例です。

（8）熊本地震でのアスベスト対策[11)]

2016年4月、2度の震度7の激震に襲われた熊本地震では、273人におよぶ人命が奪われるとともに、約4万3,000棟の住宅が全半壊の被害

図４−４　熊本地震でのアスベスト調査の様子

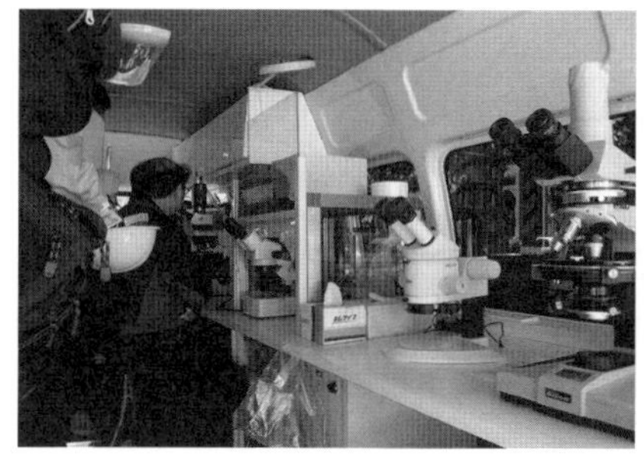

を受けました。同年４月に設立された建築物石綿含有建材調査者協会は、震災発生から２週間後に現地に入りアスベスト含有建材の被害の状況の予備調査を実施し、熊本県と熊本市に状況を報告しました。５月に入り、熊本県と熊本市の要請を受けた調査者協会は、行政の調査に同行し石綿が飛散するおそれのある吹付け材のある建物298棟を調査しました。調査では、アスベスト分析用の顕微鏡を搭載した車両を使用し、吹付け材のアスベスト含有の有無を確認しながら実施しました（図４−４　写真左）。そして、調査対象のなかから、アスベストを含有しており、飛散のリスクの高い建物を特定しました。そのうち熊本市内の通学路にある吹付けアスベストが露出している建物（図４−４　写真右）については、緊急に対策が求められることから、早期に除去工事がおこなわれることとなりましたが、倒壊の危険があり、困難な工事となることが予想されたため、熊本市の要請により、調査者協会から除去工事の経験が豊富な理事をアドバイザーとして派遣しました。

同年８月からは、被災した建物の解体工事が本格化しました。環境省は、解体工事にともなう事前調査の徹底と建築物石綿含有建材調査者などの専門家による調査を指示する通知を出しました。熊本県、熊本市、労働基準監督署は解体される建物を巡回しアスベスト含有建材の取扱いについて監視と指導を強化しました。熊本市は解体現場の全ての現場の立ち入りをめざし、連日現場を巡回しました。調査者協会のメンバーは、検査のアドバイザーとして熊本市の巡回に同行しました。アスベスト含有建材の見落とし、また、アスベスト含有建材を破砕している不適切な事例については、その場で指摘しました。熊本労働局も積極的に解体工事現場の立ち入り検査を行い、立ち入り件数885件のうち16％にあたる114件でアスベスト含有建材の見落としがあったと報道されています。

これらの行政、専門家団体、NGOが協力した取り組みは、被災地でのアスベスト飛散の防止に寄与したと考えられます。熊本地震での建物調査は、有効なアスベスト対策として評価され、調査者協会は環境大臣の表彰を受けました。その後、調査者協会は全国の地方自治体と災害時の石綿含有建材調査を実施するための協定の締結を進めています。

（9）英国のアスベスト管理計画による管理[12)] [13)]

日本では、石綿障害予防規則第10条により事業者は、吹付けアスベストや保温材等の劣化により労働者がアスベストにばく露することを予防する義務があります。英国では、それを一歩進めて具体化し、リスクアセスメントによる管理を義務付けています。日本に支社のある英国系の企業では、本国の基準に基づいて、リスクアセスメントによるアスベスト対策を実践しています。

リスクアセスメントでは、まずレベル3を含めたアスベスト含有建材の調査を実施し、それに基づいて管理計画を作成します。管理計画には、管理方針を示し、管理責任者の選任と従業員、関係会社等の役割を決めます。管理の方法として、日常業務でのルール（天井の点検口の開口禁止、アスベスト含有建材の損傷の防止等）を決め、定期的点検と気中アスベスト濃度測定の実施、アスベスト含有建材のラベル付け、建物の改修や補修の際の手順を決定しました。さらには、これらを周知徹底するための研修を従業員だけでなく、メンテナンス会社等の関連会社の従業員も受けています。

英国では、2002年から住居以外の建物の所有者・管理者によるアスベスト調査と管理を義務付けています（アスベスト管理規則第４条）。具体的な事項としては、「主たる義務者（所有者・管理者）は、アスベスト含有建材の場所及び、アスベスト含有建材を接触・発じんする恐れがある建物の建材について作業を行う請負事業者やその他の作業者のアスベストへのばく露を防ぐための管理方法が記された計画書が準備されることを保証すること。この計画は実行に移し、影響を受ける各人に通知すること。義務者は、影響を受ける関係者すべてと協議の上、状況の変化に応じて計画が定期的に見直され、更新されることを保証すること。」とされています。日本の法規と比較すると、より厳格で具体的です。

英国は、日本よりもアスベストの使用開始が約20年早く、そのため被害も約20年早く顕在化しました（24ページ参照）。そのため、アスベストの対策の面でも日本よりも長い経験があります。こうした経験から学び、効果的な対策を取り入れていくことも重要です。

参考文献

１）大阪高裁平成26年２月27日判決　判例タイムズ1406号. p.115. 2014

２）最高裁判所　平成25年７月12日判決　判例タイムズ1394号. p.130. 2017

３）国土交通省.「建築物のアスベスト安全対策の手引」. 2015
https://www.mlit.go.jp/common/001112453.pdf

４）日本環境衛生センター. 建築物石綿含有建材調査者講習テキスト第２版. 2021

５）文京区立さしがや保育園アスベストばく露による健康対策等検討委員会.「文京

区立さしがや保育園アスベストばく露による健康対策等検討委員会報告書」. 2003
https://www.city.bunkyo.lg.jp/library/sosiki_busyo/hoiku/houkokusyo_saisyu.pdf

6）横山栄二. 3. 健康と環境 - リスク学とのかかわりにおいて. 日本リスク研究学会編「リスク学事典」. TBS ブリタニカ. pp.18-19. 2000

7）佐渡市立両津小学校アスベスト健康対策等専門委員会・専門部会.「佐渡市立両津小学校アスベスト健康対策等専門委員会報告書」. 2008
https://www.city.sado.niigata.jp/uploaded/attachment/20205.pdf

8）東京高等裁判所　平成 30 年 6 月 28 日判決　判例時報 2405 号 p.23. 2018

9）東京都. 旧築地市場の解体工事におけるアスベスト処理について.
https://www.shijou.metro.tokyo.lg.jp/press/pdf/30/image/310315_3.pdf

10）中皮腫・じん肺・アスベストセンター. 特集：「築地市場解体工事に伴うアスベスト撤去に関するリスクコミュニケーションの実施」.
https://www.asbestos-center.jp/environment/

11）外山尚紀.「これからの石綿対策」. 大原記念労働科学研究所. 2018

12）石綿問題総合対策研究会. アスベストの管理と取扱い - アスベスト管理規則.
http://www.tm.depe.titech.ac.jp/Asbestos_Research_Group/hse_guidebooks.html

13）杉本通百則. イギリスにおけるアスベスト管理規制の特質―「アスベスト管理規則」の実効性確保の条件―. 別冊政策科学アスベスト特集号 2017 年度版. 立命館大学政策科学会. 171―19. 2017.

付録

アスベストに関する情報

厚生労働省

○石綿総合情報ポータルサイト

石綿情報、石綿関係法令、石綿関連資料・データ集

石綿則の改正ポイント

○石綿障害予防規則など関係法令について

石綿障害予防規則及び関係法令、通知等

技術上の指針、マニュアル・テキスト

○建築物石綿含有建材調査者講習

建築物石綿含有建材調査者講習登録規程について

建築物石綿含有建材調査者講習に係る手続きについて

講習に係る標準テキスト

環境省

○石綿（アスベスト）問題への取組

最新情報

審議会及び検討会の状況

○建物を壊すときにはどうしたら良いの？

アスベストの飛散防止対策

令和２年大気汚染防止法改正関係情報、関係法令・資料

○建築物の解体等に係る石綿ばく露防止及び石綿飛散漏えい防止対策徹底マニュアル 2021（令和３）年

○建築物等の解体等工事における石綿飛散防止対策に係るリスクコミュニケーションガイドライン（改訂版）2022（令和４）年

国土交通省

○目で見るアスベスト建材　第二版　2008（平成20）年

○建築物石綿含有建材調査マニュアル　2014（平成26）年

地方公共団体の建築行政に関わる職員向けのマニュアル

国土交通省・経済産業省

○石綿（アスベスト）含有建材データベース

一般財団法人日本環境衛生センター

○建築物石綿含有建材調査者講習

一般社団法人建築物石綿含有建材調査者協会

≪監修・執筆者≫

石川　宣文（一般社団法人建築物石綿含有建材調査者協会　専門委員、
株式会社大本組）

大田黒信介（一般社団法人建築物石綿含有建材調査者協会　会員、
EAI 株式会社）

亀元　宏宣（一般社団法人建築物石綿含有建材調査者協会　前事務局長、
株式会社 EFA ラボラトリーズ）

菅野　典浩（一般社団法人建築物石綿含有建材調査者協会　顧問、
アーライツ法律事務所、弁護士）

武　　高男（一般社団法人建築物石綿含有建材調査者協会　理事、
武技術士事務所）

外山　尚紀（一般社団法人建築物石綿含有建材調査者協会　副代表理事、
東京労働安全衛生センター）

名取　雄司（一般社団法人建築物石綿含有建材調査者協会　顧問、
ひらの亀戸ひまわり診療所、医師）

伴丈　　修（一般社団法人建築物石綿含有建材調査者協会　専門委員、
株式会社アサヒテクノリサーチ）

実務ですぐ役立つ！これだけは知っておきたい
建築物のアスベスト対策

令和３年11月10日　第１刷発行
令和５年11月20日　第４刷発行

編　集　一般社団法人
建築物石綿含有建材調査者協会

発　行　株式会社ぎょうせい
〒136-8575　東京都江東区新木場1-18-11
URL：https://gyosei.jp

フリーコール　0120-953-431
ぎょうせい　お問い合わせ　検索　https://gyosei.jp/inquiry/

〈検印省略〉

印刷　ぎょうせいデジタル株式会社

※乱丁・落丁本はお取り替えいたします。

ISBN978-4-324-11049-2
(5108744-00-000)
〔略号：建築アスベスト〕